U0943589

创业，请从会用人开始

Lisa 著

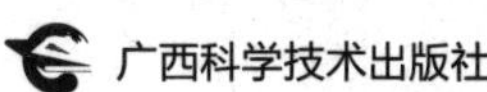

广西科学技术出版社

图书在版编目（CIP）数据

创业，请从会用人开始 / Lisa著.—南宁：广西科学技术出版社，2017.5
ISBN 978-7-5551-0783-5

Ⅰ.①创… Ⅱ.①L… Ⅲ.①企业管理—人力资源管理 Ⅳ.①F272.92

中国版本图书馆CIP数据核字（2017）第064881号

CHUANGYE, QING CONG HUI YONGREN KAISHI
创业，请从会用人开始

作　　者：Lisa　　装帧设计：嫁衣工舍
特约策划：邱恒明　许长荣　　产品监制：陈恒达
责任编辑：陈恒达　冯　兰　　责任审读：张桂宜
责任印制：林　斌　　责任校对：曾高兴

出 版 人：卢培钊　　出版发行：广西科学技术出版社
社　　址：广西南宁市东葛路66号　　邮政编码：530022
电　　话：010-53202557（北京）　　0771-5845660（南宁）
传　　真：010-53202554（北京）　　0771-5878485（南宁）
网　　址：http://www.ygxm.cn　　在线阅读：http://www.ygxm.cn

经　　销：全国各地新华书店
印　　刷：北京富达印务有限公司
地　　址：北京市通州区潞城镇庙上村　　邮政编码：101117
开　　本：710mm × 960mm　1/16
字　　数：139千字　　印　　张：14.5
版　　次：2017年5月第1版　　印　　次：2017年5月第1次印刷
书　　号：ISBN 978-7-5551-0783-5
定　　价：45.00元

—推荐词—

Lisa 从事人力资源工作多年，现在发现了属于她这个“人力”最宝贵的资源：为创业企业的人力资源管理提供最专业的服务。与大企业相比，创业企业更需要在人力资源体系和文化建设方面打下牢固的根基，然而它们往往无暇顾及这至关重要的基础建设。Lisa 的服务和心得能给那些为雇人、用人、裁人、人才激励而头疼的创业者提供巨大的帮助。我为 Lisa 骄傲，也为此书的出版骄傲！

——徐小平，真格基金创始人

对处于天使阶段的公司，我认为必须满足三个条件，一是团队搭建要基本到位，二是股权结构需要合理配置，三是团队的核心成员对将要进入的领域是有真知的。我常用葡萄牙诗人佩索阿的诗“我的心只比宇宙大 点点”来阐述团队关系，如果你想征服一个人，最简单的一个方法论就是，你的胸怀只需比他大一点点。Lisa 这本书在初创公司团队组建、企业文化培养等方面非常有针对性，值得早期创业者们借鉴。

——王强，真格基金联合创始人

2014年初，蜜芽刚刚上线，发展得还不错。有一天去徐小平老师家夜聊，他告诉我应该找一批能支撑百亿规模、拿百万年薪的人才。我有些想不通，毕竟那时候我自己一个月才领一万块钱工资。半年后，蜜芽做大促，蜂拥而至的流量让网站彻底宕机。这时徐老师发来一条短信："刘楠，你还记得半年前我跟你说的话吗？"瞬间醍醐灌顶。人才对创业公司的重要性不言而喻，推荐大家都读读这本书。

——刘楠，蜜芽宝贝创始人&CEO

（CEO，Chief Executive Officer，首席执行官）

创业两年多，伴随着公司成长的同时也是对"人力资源"这四个字的理解愈加深刻的历程。"找不到人"是作为一名创始人创业早期没名气没钱时的HR（Human Resource，人力资源）痛点，然后产品有了点名气融了点资，你又会天天为"如何找到牛人"而焦虑；如果你安全渡过了这个阶段，恭喜你，欢迎进入对"用错人"的担忧阶段。而这每一个阶段，Lisa都是我的专家老师，她的经验给予我实际的指导，而她的智慧和超Nice的态度，就像春风，给予我温暖的帮助。我和你一样，都超级期待这本书的出现！

——唐宜青，橘子娱乐创始人&CEO

我们是一家以人为本的教育企业，深刻地认识到创业中最核心的元素：人。再好的项目，没有合适的人来“跑”也只是空中楼阁。无论多忙，我都会投入一半以上的时间在团队身上，与大家一起作业。招聘真正专业的人才非常昂贵，但招聘不专业的人加入团队成本更高。感谢 Lisa 把十多年识人、用人、育人、裁人等方面的宝贵经验秘籍浓缩并分享出来，这对于每一位企业家，尤其是早期企业的创业者都是必修一课。祝愿行走在路上的我们都能找到自己的梦之队，大家一起成长，越走越快，越走越远。

——肖盾，一起作业网联合创始人

我认为公司的职能只有一个：让人相信。对外，让顾客相信你并付费。对内，让伙伴相信，这就是人力资源。所以，“为商之道，首在得人”，我觉得人力资源和业绩一样，是创业公司一等一的大事。Lisa 是我在人力资源知识上的启蒙者，也是伏牛堂一路走来的护航者。这本以她丰富的人力资源经验写就的书，不管你期待不期待，我是真期待！

——张天一，伏牛堂创始人 &CEO

小恒水饺是一家发展极快的创业公司，十分明白 HR 部门在创业过程中起着举足轻重的作用。在很多创业企业里，创始人都不太重视 HR 工作，甚至理所当然地认为 HR 部门是公司的二线部门或是后勤部门，这种想法是非常可怕的。一个企业能否成功，最核心的要素就是人，是团队，所以一个创业公司建设一个好的 HR 部门对于企业未来的发展是非常有帮助的，有时候甚至会起决定性作用。小恒水饺在创业过程中就十分注重 HR 的作用和建设，而且一直得到 Lisa 姐的大力帮助。Lisa 姐的这本书是融合了多年的 HR 工作经验并通过走访帮助众多的创业企业来进行诊断和总结才汇集而成的，里面的很多关于 HR 的方法论十分值得创业公司研究、学习和借鉴，所以我个人特别推荐这本书，期待这本书早日问世！

——李恒，小恒水饺创始人 &CEO

Lisa 最难能可贵之处，在于她既经历过外企高大上的洗礼，又经历过小、中、大型创业公司的各种挑战。这让 Lisa 在乐纯快速发展的各个阶段，都能够提供切实有效又接地气的 HR 指导。希望通过这本书，更多的创业者能受惠于 Lisa 的经验和智慧。

——Denny Liu，乐纯酸奶创始人 &CEO

Lisa 在 HR 领域属于全模块的实战派，在人才的选、育、留等方面，她对各阶段创业公司的真实需求都有着非常深刻的认识，并且能给出被实践验证过的最佳方法，相信本书会成为每位创业伙伴在处理人才问题方面的好帮手。

——施润春，谷露软件创始人 &CEO

创业团队的 HR 不是职业经理人，而是创业者，需要忍着孤独，创造幸福感！给公司、部门、同事所需要的支持和服务，而不是我们想要给的。放下别人对我们的评价和期待，放下自己的欲望和功利，深入业务，潜心深耕……

——张晓媛，火币网 HR Head

（HR Head，人力资源负责人）

此书精准定位互联网初创团队，提供从早期建立到火箭般发展期的全方位人力资源管理解决方案，是专业高效、切中痛点的实战指南。让创始人更专注于赛道方向与 Product/Market Fit（产品市场匹配）的把控与探索，让 HR 紧跟公司发展完成专业进阶。感谢 Lisa 的智慧与辛勤！

——周厚纯，The ONE 智能钢琴 HR Head

人才是创业成功最为关键的因素之一，更是创业公司最为宝贵的资产财富。如何持续地吸纳并留住关键人才，在不断变化的商业环境中进行业务探索，吸纳资金，为社会创造价值是创业者最大的挑战。Lisa 是从创业的战场上走出来的实干派，是深入研究“创业人才战略”的第一人，在风起云涌的创业时代，她曾深度参与过数百家创业公司的人才问题的解决，见证了各类创业公司的兴衰成败，所以读这本书是每一个创业者和 HR 在创业路上的必修课！

——刘柯志，小美科技创始人

作为一名青年创业者，深感选人、育人、用人、留人之痛。在寻找优秀的合作伙伴，在渴望精湛的专业技能和极强的合作精神中，常常是求而不得。这是一本为创业者服务的多角度解决人力资源管理痛点的实用书籍，值得学习和借鉴。

——陈桦，节操精选创始人 &CEO

对于初创型公司来说，很多成功的 CEO 在回望过往时，都会发现自己曾经做对了一件事：花大量的精力在人才招聘上。确实如此。初创公司最核心的资产就是人，花再多的时间在招聘上都不为过。Lisa 在参与了跨国公司人力资源管理、经历了自己创业后，加入真格基金做投后服务。从初创企业到大型公司，从自我创业到职业经理人，她从各个角度理解了人才和公司的关系以及人才的重要性，并且实地考察若干家公司后，总结出一套为初创企业做人才培养的好的方法，这套方法对于创投行业的发展具有极其重要的作用。相信真聘在 Lisa 的带领下，会为整个生态做出很好的贡献。

—— 郑朝予，真格基金合伙人

—推荐序—

创业时代的 HR 范本

我有幸和 Lisa 在高朋和亚创集团（云智联）共事过两次；公司楼道里和各个办公室里，Lisa 行色匆匆的身影，是近 5 年来我工作中不可或缺的风景线，是支撑我在残酷的市场环境中高速运转公司，找到业务所需要的千里马们的坚强后盾。

创业难，做创业公司的 HR 更难，做高速变化的互联网创业公司的 HR 更是难上加难。高朋诞生在 2011 年的千团大战年代，半年时间公司从零扩张到 3000 人，公司一半外资（Groupon）一半内资（腾讯）的血统也让 HR 负责人的工作不可避免地沾上政治色彩，再加上团购泡沫破裂时公司不得不进行的人员调整，使 Lisa 在兵荒马乱中接受了血与火的洗礼：高速扩张期的近乎残忍的工作节奏，面对中外高管的不同压力下的斡旋，和在困难时期表现出来的果断和智慧，使她本人成为互联网公司 HR 的一本 MBA（Master of Business Administration，工商管理硕士）教材。不是每个人都能在当时的环境下生存下来，Lisa 应该是我在高朋工作时期连续晋升次数最多的高管，除了她从之前工作中带来的专业经验外，她拥抱挑战的天性，强大的执行能力和学习能力，更是她成功的秘诀。

在我最近的一家创业公司亚创集团，Lisa 是我的第一号员工，也更进一步成为我人生的挚友。在亚创的日子里，Lisa 有了更多的时间思考和总结高朋的经历，也对互联网业务的方方面面有了更深刻的认识。Lisa 在招聘方面的投入更多了，让我拥有了一支丰满的创始团队的同时，也积累了她宝贵的一手招聘经验。她在书中提到的“HR 一定要懂业务”，“有百万用户，就要布置有千万用户管理经验的人才”“技术与非技术一开始就要共融”等概念也是她在亚创第一手认知的体现。如果说高朋是 Lisa 冲锋陷阵的战场，亚创更让她逐步成长为一位全面的将才。

这本书，诞生在互联网如火如荼的时代背景中。HR 的重要性，在传统的行业已经可以决定公司的存亡，在互联网时代，其重要性则更上了一个台阶。原因有三：一、互联网企业，“人”的质量差异更大。一名优秀的工厂工人，和一名平庸的工人，其工作效率的差别，可能最多一两倍，但是在互联网企业，一名优秀的工程师可以成就一个公司，一名不称职的工程师可以断送一个公司。二、互联网企业，人才竞争更加激烈。优秀的工程师和管理人才，越来越千金难求。谁有更好的人格魅力，更好的“画饼”技巧，更强大的激励机制，谁才能得到优秀的人才。三、互联网企业，组织架构更需要量身定做，灵活多变。部门间的交叉关系更多，人员的去留更加频繁，组织架构的调整更加密集，这些情况对于 HR 管理人才的上层架构能力和战略战术能力都提出了更高的要求。

在自己的带领下，Lisa 已经培养出不止一支训练有素的 HR 队伍。在高朋和亚创之后的日子里，这些队伍里的很多人走向新的创业公司，也成为这些新创公司的骨干力量。这本书的诞生，可以使 Lisa 更多的 HR 管理思维和经验落地生根，造福于更多希望在新经济中一展身手的 HR 专才们。

Lisa 也是一位 HR 领域的“思考者”。这本书里广泛引用真实的案例，而没有任何理论的空谈，因为这是一位践行者娓娓道来自己一路走来的干货故事和心路历程，而不是一本枯燥的 HR 教科书。因此，不光对于 HR 专才，对于互联网界的创业人士和有创业冲动的人士，这本书也是很好的参考。

最后，祝 Lisa 在新的工作环境中一切顺利，也希望以后能再有机会和 Lisa 并肩工作，再续前缘！

欧阳云 亚创集团联合创始人

—前言—
致最亲爱的读者

首先，感谢您对这本书的关注！

这里从我和HR生涯的缘分说起：入行HR起于传统行业的国际化公关公司；之后自己创业；在2011年误打误撞进入互联网团购大潮后，经历了一年多入职6000多人，并迅速调整并购剩下300人的腥风血雨；团购大变革后随即加入零起步的移动互联网初创团队；目前供职于真格基金HR投后服务并创立了投后的商业化项目“ZhenHR真聘”。

当旁人眼里看似稳定的HR行业，遇到互联网的各种不确定、无序但充满挑战的节奏时，就像海水与火焰的融合，一下让我爱上了这个行业，并坚定了未来对它不离不弃的追随。

写此书的想法缘于在真格基金的工作经历。真格作为国内著名的天使投资机构，对于投后服务的关注由来已久，我在 2015 年入职后担任了 HRD（Human Resource Director，人力资源总监），为真格基金投资的 400 多家被投企业提供 HR 投后服务的支持。

真格基金的投资以初创阶段为主，团队小，各种“人”的问题也比较集中，这个阶段的团队在成立之初就与“人”有密不可分的关系。在日常服务和去被投公司寻访、驻场时，把大家比较关注的痛点、纠结的问题、解决的方案集中在一起，定时在线上、线下做经验交流分享，既帮助了创业团队提升发展的能力，也为投资机构获得更好的资金回报提供后援支持。各式各样的创新项目也让我开阔了视野，以 HR 为纽带认识了更多牛人、聪明人、坚持不懈在创业路上努力的创业者。在这个过程中，我亲历了那些快速奔跑在创业路上的创业者为找到心仪合作伙伴的焦虑，见证了这些创业者对找到志同道合的同仁的期许与渴望。“找人”是创业者起步的第一课，也是团队的终生使命。正如徐小平老师一直跟创业者强调的，“顶级人才一定要事先储备”，健全的团队是创业者通向成功的基石。

HR 作为近年来在企业中越来越被提升到管理岗位的职业，在伴随互联网产业的快速发展过程中，更多元化地开拓着职场的发展空间，站在企业发展高度的HR，越来越被尊重和重视。为之学习、修炼是我持续努力的目标，特别在此书梳理过程中，更坚定了我对这个行业的热爱。

在全行业的创新过程中，为了把投后商业化做得更精细化、专业化，也促生了"ZhenHR真聘"。在这场席卷众多行业资深人士、连续创业者、90后精英以及海外留学人才的创业大潮中，这些"大牛"在自身研究领域有着丰富的经验和独到的见解，但很多在HR管理方面经验比较薄弱，同时加之国内职场人脉资源匮乏的现状，投资机构的HR投后服务就成了大家的"刚需"。但限于投资机构中的服务人员有限、服务广度不及的情况，我萌生了组建专业HR团队为创业者进行深度服务的想法，聚合一众人力专家帮助早期团队从搭建人力服务架构开始，通过信息平台把握流动频发的团队信息风控，为创始人规划招聘渠道，提升招聘效率，进而解决人才流动中的再就业问题。总之，是为了解决创业者所有跟"人"有关的问题：

让还没有HR的小团队享受到人力资源系统平台化信息服务；

请专业的招聘专家帮助企业找到人；

为企业托管招聘渠道，高效推进招聘流程；

成为创业者的人力资源中心。

在徐小平老师的鼓励下，我将对早期团队提供HR投后服务所得的信息整理成此书，希望能够帮助那些在路上的创业者和HR同行避过一些雷区。将此书送给那些在创业路上奔跑的勇者，让HR和人力资源领域的服务新形式陪伴小团队早日成为独角兽！

Lisa，杨莉

2017年1月

PART 1 HR 不只是个技术活

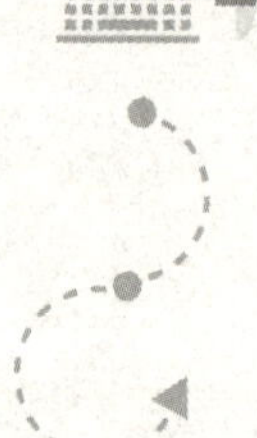

PART 2 选人：破除招人困局

PART 3 从心用人

PART 4 裁人比留人更重要

PART 1

HR不只是个技术活

创业团队
需要什么样的HR

 创业早期，谁来承担 HR 的职能

谷歌创始人之一谢尔盖·布林曾说：“对于管理者而言，工作中最重要的事是招聘人才。”这话听起来有点不合常理，一般来说，企业管理者的职责是领导下属，制定战略，但是对于谷歌这种创新型互联网企业来说，确保能够雇佣到优秀的人才，才是最重要的事。因此，公司的高管们都会亲自上阵，招聘人才。

谷歌前高级副总裁乔纳森·罗森伯格就是由谢尔盖·布林亲自面试的。乔纳森刚开始以为这是因为他应征的职位较高的缘故，后来他才知道，无论是招聘高级副总裁还是招聘一位初级软件工程师，谷歌的高管都会认真对待，亲自面试。

这和传统企业的做法很不一样，在传统招聘模式中，企业的人才招聘是由人事部门全权负责：

HR 进行筛选（包括看简历、约谈、面试等环节）；

HRD 拍板；

最后由企业高管批准；

职位越高的管理者越不会插手具体的招聘事宜。

但是，这种传统模式已经很难适应当下互联网创业生态。我在

来真格基金之前，曾经加入一个创业团队担任 HRVP（Human Resource Vice President，人力资源副总裁），当时团队 CEO 招聘我时，我很坦诚地问过他：“你确定需要我吗？”

之所以这么问，是因为对于互联网创业企业来说，在创业的初创阶段，团队规模很小，通常只需要一个小管家或者小专员来负责人事，甚至有些早期的创业团队直接由 CEO 兼任 HR 招聘工作。如果他要雇佣我，一是需要考虑必要性的问题；二是成本很高，所以我问他是否确定。

他说很确定。因为之前我们是同事，他很了解我，他说：“我知道你有潜力，你能够在这个团队里帮我搭一个今后让这个团队成长的结构。”他认为，在创业早期，团队需要一个比较资深、懂全模块的 HR Head，能够带着团队从最早的天使一直走到 C 轮，甚至 IPO（Initial Public Offerings，首次公开募股）阶段。

真格基金经常给投后企业 HR 进行培训，常常提到类似问题：

创立团队的时候，CEO 到底要不要招 HR？

如果要，应该招入什么样的 HR？

如果不要，团队是不是必须要有人来承担 HR 的职能？

真格基金主做天使投资，我加入之后，大量地接触到处于初创阶段的被投企业，我发现这些创业企业的 CEO、创始人或者联合创始人，大致可以分为两类：

一类是“海归”。

在我接触的创业者中，相对来说这一类人比较多，他们通常在出国之前有过一段职业经理人的职场经验，后来希望能够自我提升，于是去海外读 MBA 或 EMBA（Executive Master of Business Administration，高级管理人员工商管理硕士）课程，在国外受到一些新兴互联网市场的引导，回来再创业。这些人具备职场经验，是从成熟企业和有结构性的团队里面培养出来的，他们经历过正规企业的 HR 规则。

另一类是刚刚应届毕业或者刚刚进入职场的年轻创业者。

他们有很多创新的想法，做事也有魄力，在技术领域里，有自己的专业性和创新性，但是在管理团队方面，通常是缺失的。他们中的大多数人都不知道怎么去运营一个团队，也不理解团队里 HR 的职能应该怎样去梳理：是从自己身上去分解？还是找到一位合拍的 HR？

所以我们做投后管理，要帮助这些初创团队去分析，目前团队是否有人能够承担 HR 的职能。

第一类，学过 MBA 的“海归”，他们经历过成熟企业的职场，很清楚 HR 的职能（选、用、育、留），所以有可能在创业的初期，他们就能够有意识地承担起 HR 的职能。在组建团队的时候，HR 的职能一定是由招聘开始的。作为创始人，他们可以先扩展自己的人脉，从这些人脉里去找到他们觉得适合的人，即适合这个行业，或者跟他们目前已经组建的团队能够产生“Chemistry”即化学反应，达成一致的人。

初创团队的人直接承担招聘工作是个明智的选择。早期创业团队招人，都是找合伙人的状态，就像找男女朋友，没有人比你更清楚对方是否适合你。一个人坐在你面前，沟通三五分钟就能知道对方是不是你要找的人：创业理念是否合拍，对于今后的发展方向是不是有共鸣，有没有相同的创业心态。如果答案是肯定的，对方也有意愿，那么很快就可以当成合伙人纳入团队。初创团队早期的十个人，都可以算作合伙人的关系，无论以后团队增长到三十人、五十人还是一百人，如果早期十个人能够留得住，他们一定是跑得最远，最有凝聚力的团队成员。

很多创业团队的领头人乐此不疲地享受这种招聘方式。

他们善于沟通，善于给人“画饼”，愿意跟别人表达自己产品的中期、远期愿景或抱负。这样的人通常很有激情，愿意将自己随时想到的问题跟不同的人去沟通，而往往在这个沟通的过程中，就能挖掘到有意向的候选人。这样的领头人其实是最完美的，他能够吸引到周边能马上为他所用的人才，也能够渗透、储备一批暂时可能因为时机问题、收入问题，或发展阶段的问题留在观望阶段的候选人。

经由早期刷人脉、刷脸、找渠道等方式招人之后，个人的资源会慢慢枯竭。作为团队创始人，精力和关注点也要开始转换。原来主要的工作是招兵买马，现在需要转变成一个领头者，把身边的人攒在一起，完成创业的前期目标。这个时候，创始人就需要找人承担HR的工作。

第二类创业者也是一样。互联网创业企业早期要实现从一个创意到可演示模型的阶段，首先要研发技术，所以最先组建起来的往往也是技术团队。在组建技术团队的时候，技术出身的创始人很清楚如何找到优秀的技术人员。不用通过第三方，他们自己就能面试。需要什么样的代码质量，什么样的技术背景，研发过什么样的成功案例等，这些创始人都很精通。但是，在研发技术的同时，运营、品牌、销售团队的建立也需要提上日程。到了这个阶段，创始人很难兼顾，他们不擅长市场、运营，因此也需要找更专业的人来做相关的招聘工作。

如果前期组建的团队，能够找到志同道合，有管理能力、工作经验、相关背景，并在渠道里有一定影响力的市场或运营人员，再由这些人从上往下搭建团队，这是个很好的方式。但是这样的人不好找，因为这类人通常是在BAT（中国互联网公司百度公司、阿里巴巴集团、腾讯公司三大巨头首字母缩写）、微软、谷歌这类企业有过十年以上的工作经验，高管出身，有很强的领导能力。让他们加入初创团队从零开始，首先需要团队和创业前景具备足够的吸引力。其次，这些人往往很久不从事底层一线工作，在初创期，他们只能当光杆司令，无人可用，需要自己亲手去做很多事情，早期工作上的磨合会是一个问题。

比如入行 5 ～ 10 年的 HR，已经很少做那些琐碎的事：每天晚上给候选人打一个 Cold Call（陌生拜访电话），和候选人沟通早期意向，写职位描述，去智联、前程无忧这种招聘网站一点一点筛查简历，而只需要全部布置给团队的人去做。一般在有人进入第三轮、第四轮面试时，他们再参与评估。但是，在早期创业团队里，HR 这样做事是不可行的。所以说，如果团队在创业早期能够找到一个特别资深的 HR，愿意创业，喜欢创业团队，愿意将自己以前的 HR 经验、能力，移植到初创团队，像大姐姐一样，将团队当作婴儿来哺育，从零开始搭建团队，和团队一起成长，这是最理想的状况。

怎样帮创业团队找到这样的人，这也是我现在工作的一大重心。和我一样做投后服务的一位同事，在奥美工作十几年，我问他为什么愿意加入真格，主动从大企业高职位中跳出来。他说，一方面是因为看到了传统行业的局限性；另一方面，他身边有很多人是创业者，这让他受到很大的影响。跳槽到创业团队后，他觉得重新点燃了自己的工作激情，找到了更大的自我价值和成就感，同时也实现了短期的财务自由。

虽然这类资深的人才不好找，但也很容易采取有针对性的策略。比如我们经常会组织一些资深职场人的线下活动，针对的就是这样一批人：已经有丰富的职场经验，对创业感兴趣，但是又在自己固定的岗位上有一点观望的态度，不敢迈出这一步。

来自公关、市场、财务等行业，这些专业渠道的人才，我们也会定期把他们聚合起来，宣讲一些加入创业团队的好处，比如创业团队能够给予他们什么样的发展平台，可能为他们带来什么样的发展机会，等等。希望通过这类活动推他们一把，同时也为我们的投后企业对接到优秀的候选人。

在初创团队，招聘工作不是一个 HR 能扛下来的，需要团队共同承担。怎样才能够招到合适的人，让合适的人能高能量地产出？承担 HR 职能的相关人员还要进行评估，真正的候选人进入团队后，他的工作量有多大，工作定位是什么？评估过程中，需要融合绩效考核和市场薪酬体系综合分析，有一个相对精准的判断后，才能招到合适的人。所以 HR 需要具备较强的综合素质，有招聘能力、渠道和丰富的经验，了解市场薪酬对标体系，能建构一个职位对未来候选人的绩效考核标准。

创业早期，谈组织规划都是模糊的，即便是人力战略也都是老板设定，变动速度很快，所以尽可能把招聘职能细化到与业务线相关联，然后到了二十人、五十人的时候，再去考虑其他 HR 职能中的模块，如企业文化、员工福利、组织规划等。

HR 一定要懂业务

在互联网创业领域，HR 除了精通本职工作外，还应该具备另外一个技能：一定要懂业务。

在搭建早期团队时，HR 如果要招技术人员，需要翻一翻技术的专业书籍，因为看简历的时候，至少应该知道他擅长的是什么技术语言，是否和团队的需求契合。先不管那些艰深复杂的专业知识，至少，苹果手机使用的是 iOS 系统，其他的手机是 Android 系统，编程语言叫 JAVA，或者 HTML5——这些基础的概念需要知道，我们不用知道具体怎么去做，但在跟候选人建立初步关系时，HR 需要具备起码的知识点。

不仅如此，HR 对公司的业务状况也应该了如指掌。

公司是哪个行业，是做智能硬件，还是内容类的产品，或者生活类的产品；HR 要了解整个业务线，了解行业或业务结构，包括每个结构在公司所承担的职能。清楚这些以后，才能针对这些需求制定符合公司当前和未来需求的人才招聘计划。

现在很多创业团队都有 HRBP 的说法，BP 就是 Business Partner，商业伙伴的意思。创业团队的本意是想招到一个既懂业务又懂 HR 管理的人来当合伙人，希望在开展 HR 工作的过程中融入很多跟管理相关的东西，让 HR 工作无缝配合团队和业务的成长，招到最合适的人才，共同把企业做大。

一般来说，在创业团队里面，能够担任 CEO 的人，以曾经从事财务或销售管理背景的人居多，担任 HR 工作的人在团队里能够做到顶尖的管理者非常少，我见过的职位最高的 HR 也就做到 CHO（Chief Human Resource Officer，首席人力资源官）——团队的二把手或三把手。

作为 HR，不少人其实很愿意担任企业的二把手或者三把手，这不仅是出于对企业负责任、忠诚的态度，也是因为 HR 相信企业是由人而生的，无论在什么情况下，企业都不能没有人才可用。HR 如果能够独立出来变成一个专家、一个解决问题的能手，像谷歌那样将企业的人力资源管理做到顶尖水平，不管企业的业务线做成什么样，人力资源管理始终能够深刻理解并配合业务的发展做到最好，HR 也将收获非常不错的职场体验。

对于创业团队来说，HR 很多时候相当于一个大管家的角色。

徐小平老师曾这样评价乐纯酸奶的创始人：Denny 在品牌营销方面是一个天才。

乐纯能达到如今的知名度，完全是借助微信公众号进行营销，线上的购买、物流、查询、客服，所有的文章撰写、推广、运营、营销活动，都是 Denny 在主导。他善于运用身边所有的资源来营销产品，经常能在小区里看见他们在做推广活动。

按理说Denny作为团队的领袖，可以不用参加这类地面推广活动。通过他们的HR我才知道，Denny经常在那儿站一天，目的是在线下直接向用户收集需求和反馈，然后将这些需求和反馈用于产品的更新迭代。

乐纯的这位HR也挺奇葩，他学的不是人力资源，之前在投行工作。他之所以加入乐纯，是因为折服于创始人Denny的魅力——他从小就读Denny写的关于营销的书，对Denny的观点和个人能力都很认同。

在乐纯的团队里，HR所承担的职能，相当于一个大管家，他现在还负责投资者关系，管理财务、行政、HR，从团队到工厂，很多东西他都要实地对接，经常工作到半夜才回家。

我曾问另一家被投企业社保通的CEO对乐纯（是社保通的客户）的评价，这位CEO提到了乐纯的HR：他是最辛苦的，经常夜里一两点钟给他们发需求。

夜里一两点钟，这个时间点说明什么？一定是他白天结束所有的工作以后，才把这件事情拿出来处理。这就是创业团队的工作状态，不管作为用户还是作为提供方，有这样的HR在团队里，不用怕做不成事。

身为管家，就应该对整个团队了如指掌，一个懂业务的HR和一个不懂业务的HR，为企业发展带来的帮助差别非常大。互联网创业变化太快，节奏也快，懂业务不仅仅是为了方便 HR 自身开展工作，更是为了企业的长远发展。

比如，一个创业企业在 A 轮、B 轮后，面临着业务或多城市分公司的扩张，这个时候，普通的 HR 可能只会根据 CEO 的想法做一些基本执行层面的招聘计划，或者公司组织架构的调整、扩张计划；而真正能够为团队提供价值的 HR，会根据自己对行业或业务的理解提出更多思考：

公司的业务发展到什么阶段了？

未来的业务扩张之后，过去的组织架构会出现哪些问题？

对现有的团队会造成哪些影响？

利益格局会有哪些变化？

公司现有各部门的业务流程是怎样的？

是否有调整的必要？员工的配比结构是否合理？

薪酬体系应该如何调整？

……

可想而知，经过这样的思考做出来的解决方案，当然会比单纯的执行方案更接地气，对企业的扩张更有帮助。

即使是最基本的招聘工作，懂业务和不懂业务也会带来决定性的差别。比如公司需要招一个技术指导，一般的 HR 了解了具体的职位需求和薪酬标准，就直接去做招聘文案。但是，懂业务的 HR 会继续思考：

这个技术指导来到公司是为了解决什么问题?

是协调，带团队，还是提高开发水平?

针对不同的技术语言，要求是否有所侧重?

目前公司的技术开发水平、未来的产品迭代情况如何?

同行业的相关情况如何?

这个职位的上升途径如何?

……

思考的结果是，HR 能够据此找到更多招聘候选人的渠道，以及打动候选人的关键点。如果只是按照一般的要求、常规的途径招聘，浪费大量的筛选时间不说，最后还很难找到真正适合的人选。

就创业公司而言，HR 应该了解的业务范畴包括这样一些要点:

了解公司产品的核心价值、商业逻辑;

了解公司迄今为止的融资轮次，包括融资额、投资方、融资时间、融资节奏等;

了解产品的市场容量、需求、用户群体等;

了解产品的定位、用户痛点等;

了解公司的竞争对手;

理解每个招聘职位的属性，比如数据运营、产品运营、内容运营、用户运营等等，要了解它们之间的区别;

熟悉公司的优势、愿景、格局等。

总之，作为HR，如果要加入一个创业团队，那就要做好身兼数职的准备，尽量多掌握一些知识和技能。

自我驱动力必须足够强大

HR是一份需要激情的工作，需要不断接受挑战，不断去适应和成长。在很多人看来，HR这份工作很稳定，只要企业还在，HR的饭碗就不会丢。但是，现在的互联网行业不允许这种长期性，而且随着互联网的发展，对HR的需求也越来越不一样。

在互联网行业从事这份职业，有很大的历练价值。很多人说我的沟通能力强、情商高，其实我也是在高朋的那一年练出来的。以前的传统行业，环境很平稳，HR该做什么就做什么，没那么多问题需要解决，同事都是高学历的白领，沟通、说话都很温和。即便有员工做得不好，你让他走，他也不会跟你一哭二闹三上吊，因为每个人都注重自己的职业发展——以后找了新的工作，新雇主会做背景调查，所以每个人都很理性。

到了互联网这个多元化的、瞬息万变的环境，世界一下子变得很大，新鲜的东西很多。在高朋的那一年，学到的是在别的公司三年甚至五年的经验。在短短的时间里，经历了高朋的优化、扩张、并购、裁员等种种事件——这是大部分HR一生的职业生涯里都很难经历的，而我在那段时间里一直处在第一线。所以，不管后来人对高朋这个团队评价怎么样，我都很珍视自己的这段经历。

我的沟通能力，对于整个团队的协调能力，自身的抗压能力，都是在高朋被激发的。那时一般是早上一睁眼就去上班，晚上最后一个走，加班到夜里十一二点甚至凌晨一两点，都是常态。

在工作过程中，我能够从国外的团队（高朋是中外合资企业）那里学到很多东西。以前在传统行业的外企工作，沟通比较简单，也比较开放，能做就是能做，不能做就找问题、找解决办法，没有那么多层级观念。但是互联网行业有很多特殊性，最明显的不同就是节奏快、变化快，工作都非常讲究效率，非常迫切地要求出结果。

记得有一次，我的上司急着要个报表，但是我们当时正在做数据汇总，我让他等一下，稍后做好以后再给他，没想到他一下就跪那儿了，他说："Lisa，不行，没有这个报表我明天可能就会被解雇，你的团队可能就会不在了，你知道吗？"我当时真的被震撼了。其实我们都是一样，为了一个目标在做事，但在这个环境里，会让你觉得每个人对目标表现出来的这种急切程度非常直接。

当时高朋的事业部有二十多个部门，HR 需要围绕二十多个部门工作，要处理需求、管理，具体到制定制度、执行制度还要监管制度。可以想象，这对于沟通能力、对于情商的要求一定很高。怎样才能够让别人尊重你，又能够理解你，怎样站在他的立场上帮他收集需求后，制定一个让他能够配合的制度，这都需要很多磨合，需要循环往复地碰撞。

当时老板给了我一个评价，他说："其实Lisa，我觉得你是整个高朋团队的中层里面唯一一个让老外跟中方都喜欢的人。"

高朋的情况是这样的：高朋是中外五五出资，双方谁都想管事，谁都想有决策权，也都想互相制约，所以中外双方之间的斗争没停止过。美国外方想打压中方，因为HR招的都是本地人，制度、管理的各种方向都是围绕中方展开；但是美国外方又离不开HR，因为他必须知道所有的人员架构，知道怎么帮他们搭的渠道。在这种情况下，作为公司的HR，不应该偏向任何一方，而应该对双方都全力配合，让双方都觉得你是在为公司做事，而不是在为任何一方做事。这才是职业化的态度。

在高朋的那一年间，我是整个公司升职次数最多的人。刚加入时，我是HR团队的第一个人，不到四个月，中方CEO直接把我升到HRD的位置。后来在2011年年底，公司开始裁员和并购时，老板说你现在管的团队太多了，而且接下来的挑战会特别大，于是又把我升到HRVP。

我一直做的是HR的工作，职业内容没多大变化，但是职位上的变化是对我的一种认可，我会觉得所做的工作是有价值的。实际上，即使没有升职，我也觉得很值得：首先我学到东西，这个是谁也拿不走的；其次在这里积累了很多经验。就像现在，我写出来的都是自己的经验，有小团队的事例，也有大团队的事例，因为都经历过，包括经常和法务部一起出庭，处理劳资纠纷，总之什么都会尝试去做。在现在来看，当时做过的事，都是宝贵的经验。

那时的工作强度很大，每天光是需要处理的邮件就超过上百封。IT（Internet Technology，互联网技术）部门有一个专门负责公司邮箱维护的小伙子，他说他在后台看全公司的邮件系统，感觉 Lisa 这个账号是一个机器人。团队里很多人会觉得我很累，每天好像都不用休息，不用睡觉。其实，每天看到很多新鲜的东西，全是自己想学的，只想拼命吸收，根本不觉得辛苦。

成熟的 HR 都是历练出来的。这跟做医生是一样的，不天天做手术，经验怎么能积累呢?

当时的工作习惯，我一直保留到现在。不管几点回家，吃完饭以后跟家人聊聊天，说说话就睡觉了。夜里两三点我会自然醒，醒了刷一遍邮件，然后回复。我记得那个时候，不管多晚，我回复的内容，几个老板都会秒回——大家都是这样的状态。

我们常说，看一个成功人士，先看他睡不睡觉。徐小平老师的状态也是如此，一天到晚不怎么睡，永远看到他是特别有精力地在工作。Anna（真格基金 CEO）也是。之所以这么全力以赴，是因为她喜欢这份工作，她愿意付出，在这里能够实现她的自我价值。无论是徐小平老师还是 Anna，他们都对工作很有激情，有强大的自我驱动力。

HR 这份职业和其他职业不同，没有必然的规则，要像中医把脉一样，自己去感觉才知道问题在哪儿。我原来在罗德工作，那是一家国际化的公关公司，北京、上海、广州都有分公司，我参与的事情很杂，HR、行政、财务的工作都做，还做过老板的 PA（Personal Assistant，私人助理）。有一段时间，老板出钱让我去进修，他认为我有能力，可以多学点东西。但是，进修学习的专业知识只是职业成长的一方面，想要从菜鸟成长到大牛，更重要的是在实际工作过程中的经验积累和能力提升，关键是要有自主学习、主动吸收的意识。

再说创业团队。每个团队的特点可能都不一样，实际招人时，很难找到一个有相同带队经验的 HR。在经验不足的前提下，如果能够找到一个愿意和团队一起成长，具备快速学习和适应能力的 HR，也很不错。

比如小恒水饺的 HRD（也是 HRVP），她原来是在酒店行业工作，没接触过互联网，但是我们去走访的时候，发现她不仅招聘能力强，悟性也很高。当时团队四十多个人，一半是技术人才，都是她招进来的。一个酒店行业的人去招聘技术人员，如果不具备相应的知识，以及跟 CTO（Chief Technology Officer，首席技术官）之间的多渠道沟通能力，很难做好这件事。

在小恒，整个团队对她的认可度很高，她的话语权也很大。创始人李恒非常信任她，给予她足够的成长空间，让她在这个团队中有价值认同感。当然，更重要的是，她是一个有自我驱动力的人。常常听李恒夸她，说她太辛苦了，每天晚上加班到很晚，而且工作结束后，还要参与团队的管理会议，一起探讨业务模型，根据讨论的结果，推进整个团队的进度。

最早，李恒请她担任 HRVP 的初衷是因为小恒想做连锁企业，所以他找到了一个有连锁酒店管理经验的人。作为一个完全没有互联网工作经验的人，要管一个互联网的创业团队，她很清楚自己的短板在哪里。所以，在真格基金的内部 HR 俱乐部的微信交流群里，她的参与度特别高，尤其是与互联网相关的信息、培训或活动，她的反馈向来积极，说明她主动在利用各种渠道去补自己的短板。

对于 HR 来说，不管是在互联网行业还是传统行业，行业本身有相通之处，工作的模式也接近，只是根据团队、渠道、岗位的不同，在管理模式和具体做法上，需要具备一定的灵活度。

充电时，HR 在学什么

如果长期在一种环境里——长久待在某一个行业或者某一家企

业，视角容易受局限。HR 自身的充电，除了平时加强对业务的了解和专业方面的学习之外，很重要的一点就是打开视角，跨界去学习。出于这个考虑，我们在真格内部组织了 HR 俱乐部。

真格系的被投企业很多，而互联网创业领域，各种行业、各种业务、各种商业模式应有尽有，我们用俱乐部的形式将这些企业的 HR 聚集起来，一起交流、分享各自的经验，让每个人从中得到启发，这是 HR 很好的充电学习方式。

在真格系之外，也有各种 HR 的活动组织。平时，我重点接触的是 HRA（Human Resource Association for Chinese & Foreign Enterprises，北京中外企业人力资源协会）。这是一个付费会员模式的组织，能够让散落在各个行业和渠道里的 HR 聚合起来，大家通过 HRA 组织的各种线下聚会和交流活动，跟大咖们学东西，得到很多开阔视野的机会。

HRA 的年会我参加过两届。参加年会，不仅能够直接遇到平时接触不到的，一些资深的甚至是国内顶尖的 HR，听到他们的经验分享，而且还可以通过年会了解相关的渠道和资源，或者直接借鉴别人的做法，用到自己的工作中。

在线上，HRA 有定期的专业分享活动，比如会用 HR 微课的形式，邀请 HRA 协会里资深的 HR 分享经验。

印象比较深刻的分享包括，联想佳沃的 HR 谈到的组织变革，一些长期从事海外并购的大企业 HR 分享海外并购的挑战和风险。除了这种听着比较高大上的分享，还有特别接地气的分享，比如如何进行绩效考评；专门从事全国大物流的劳动密集型企业的 HR，分享如何管理特殊的组织模式——要知道，在这样的企业，工伤多，离职风险大，员工素质相对较低，HR 更需要有针对各类问题的处理技巧。

山外有山，有不少强人在从事 HR 工作，而且愿意将自己的经验分享出去，与更多人跨界交流。这种开放共享的精神，正是互联网创业思维的结晶。

我们的 HR 俱乐部也借鉴了这种分享形式，只是内容转化成与创业团队有关的主题。

我们申请做 HRA 的分会场，同时让真格内部的服务于创业团队的企业一起分享实用性的话题，比如我们请社保通的创始人李贤威分享：社保跟现在初创企业之间的关系，怎样能够让初创团队在早期资金不太充足的情况下，又在国家政策允许的情况下，灵活地设置社保和公积金。

另外，请背景调查公司分享创业团队在关键岗位的招聘过程中，通过何种方式验证候选人的真实性，包括简历、过往工作经历，甚至对方金融信贷方面的真实程度，帮助经验不足的创业团队 HR 了解候选人加入团队后的风险。

这些是真格的投后团队为了给被投企业提供平台渠道引申出来的

服务。当他们今后遇到类似问题时，都能够用得到。这种分享互动性和针对性强，一方面能够直接解决问题，提升 HR 的管理技能；另一方面也能够了解现在 HR 在市场上真正的工作方式和多元化的工作模型。

真格投后是一个共享的平台，将开发的各种资源共享给被投企业，在别人有需求、有痛点的时候，共享经验，这对 HR 大有帮助。

共享带来的影响并不会导致 HR 被工具取代，或者企业去 HR 化，而是能够帮助 HR 做更多的事情，解决更多过去单个个体很难解决的问题。比如，谷露的简历库通过共享经济的模式，把所有的信息规整在系统上，通过手机移动端和公司、猎头、用户之间实现信息和渠道的实时共享，再搭载大数据的分析，精准对接，拉高整个招聘的档次。以前，HR 需要对一份份简历进行筛选，现在学会使用这样的工具，能够迅速提高工作效率，更快出成果。HR 要做的不是故步自封，而是不断扩展自己的视野，不断学习，拥抱并且利用好一切共享的平台。

作为光杆司令，HR 如何量化工作

HR 日常需要接触的人，包括老板、各部门经理、跨部门的合作人员等，都是自己体系内的人，具备较强的亲和力是胜任这份工作的必然前提，如果团队里的人看见你都讨厌，肯定没法开展工作。

对于 HR 的工作而言，招募人才只是第一步，招进来还要培养、留存，让员工有提升，让他能够影响到别人；在不合适的时候，还要处理好去留问题，这关乎一个人的职业生涯周期。可以说，HR 的工作大部分时间都是与人有关的——和人打交道，对人负责，甚至包括安抚人的情绪，要让别人愿意跟你倾诉，跟你交流。HR 做的是承上启下的工作，又是职责的制订者和执行者，所以要有足够的情商、沟通能力以及高效的执行力。

当然，HR 也需要有情绪的出口，但是每一个 HR 在他自己的团队里，都是光杆司令，还得协调众多人际关系，容易压力大、孤单。

在创业团队里，HR 的压力都来自哪里呢?

当老板拿到融资后，一定会很着急组建团队，这个时候 HR 的招聘压力就不小。一方面是繁重的招聘工作本身带来的压力，另一方面是要维护好入职后的员工关系。创业团队的环境、条件和性价比没法和大公司相比，要想维护招聘到的员工，留住他们并不容易。如果前期承诺的回报达不到或者兑现不了，HR 就会夹在员工和老板的中间，承受必然的双重压力。在我走访过的企业里，很多 HR 都反映，就希望有个人能跟他聊一聊。有时候稍稍安抚他们一下就好，而有的 HR 在和我聊天的时候就哭了。

因为了解 HR 的处境和难处，所以在工作中，我会尽量给创业团队的 HR 提供支持。

火币网的HRD，她有一个四岁半的女儿。因为火币网新拓展了业务线，一下子需要达成很大的招聘量，当时的需求是200人。团队当时有100人，突然要加100人，整个招聘团队压力自然不小。

另外，新开一条业务线，对于两条业务线的年龄断层，管理方式和绩效考核评估的模式差异，还有两个不同团队的文化建设和融合，都是要面对的问题。HRD说："其实作为这个年龄段的妈妈，带一个大团队，可能有一点吃力了。"她需要在家庭、孩子以及工作之间找到平衡，所以那个阶段她非常困惑。我主要给她经验方面的支持，帮她对接HRA协会的专家，寻找外部顾问。

对于HR的工作来说，外部顾问的方式既能保护团队的完整性，也不会打击到他们的自信心，而且资深的外部顾问的帮助也能刺激他们内部更快速地成长。

另外，HR的压力还来自工作成果很难量化，包括老板在内都很难理解HR工作的艰辛。在初创团队里，很多人经常会问："HR到底干了什么事？我怎么没看见他干什么事？"

HR的工作，虽然很难量化成具体的业绩，但还是可以汇总成数据和报告。像我自己每周会写周报，然后每个月将周报汇总成月报，到半年、一年的时候，再汇总数据。通过这些数据，一方面能够看到自己到底完成了什么，另一方面也是为了让领导知道他这一年雇我，我到底为公司做了什么。

比如，在报告里面我会这么写：

建立CEO群，线上分享了一次，线下分享了一次。

被投企业俱乐部，去年有140人，现在增加到170～180人了，这一年一共举办了3次活动。

建立共享的免费简历库，刚开始5万多份，现在有6.7万多份简历。

线下做过很多活动，如Boss直聘、拉勾网专场还有HR的助场活动，全部加起来，一共做了86场。

对接的候选人、招聘渠道有63家。

被投企业一对一的招聘咨询有584次。

推送候选人：一共向900多家公司推送过6000多位候选人，最后有50多人达成意向。

……

这些报告将各项工作数据进行汇总和计算，让人直观地看到HR的工作成果。另外还有些数据是测算不到的，比如建立的简历库里面，谁从简历里看上候选人并从中招到了人，这些没法从系统里得知。

包括一些开创性的工作，这些工作无法汇总数据，只能将事情本身记录下来。比如把投后服务规则实现标准化，同时把原来仅局限在HR领域的信息共享到投后市场部，投后的PR（Public Relations，公关）可以将这些信息转化成开源方式，让每个人都可以使用。我在了解被投公司的人力资源问题时，也可以共享给其他部门，让各个部门有针对性地提供帮助。这些工作都很难被量化，也很难看到具体的数据和业绩。

即便如此，所有的努力最终都会有所回报。就算还看不出成果，就算老板看不见你的努力，那也没关系。做这份工作，就要准备好承担团队成长的责任，在这种成长中实现自己的价值。这份价值，最终也会成为你个人职业生涯的一份礼物。

有百万用户，就要布置有千万用户管理经验的人才

先有用户画像，再招人

提早做好人力规划和人才储备，有一个前提：必须对自己的产品方向、市场定位、未来战略有明确的认识，否则在招聘上很容易跑偏。

我见过一些创始人在刚刚开始创业时，对自己的产品还没有清晰的市场定位，对想要招的人还没有完整的"画像"，就想着招人。这些创始人很可能只有一个想法，即一心瞄准同类企业的资深牛人，比如做的是电商，就想找京东或者聚美优品的人，想挖到某个部门的某个总监。

在这种情况下，建议先做产品的定位。

以电商为例，电商本身是一个大概念，其中有不少细分行业，可以拆分出众多门类。比如垂直电商、跨境电商、团购、食品电商、农村电商等。每一种门类或品类，对人才的要求和标准都不一样。

在不同的垂直领域里面，作为竞品或者对标的企业到底是哪家？如果做的是农村电商，那么找聚美优品的人明显不太合适。农村电商要么是垂直到农业基地里面，要么像美菜那样做农超对接，农超对接更多的是面向B端用户，而垂直农业基地更多地对接田间地头，于是招人首选的应该是有 B 端经验或者农村地面推广经验的人。

在招人之前，创始人或 HR 应该先做一个用户画像，这个画像包含几个要点：

首先是专业技能。

清楚你的产品需要哪些专业方面的技能，如果需要的是跨界能力，就找细分行业的资深人士，如果需要的是技术领域的深入和研发，则需要精准找到专业人才。

第二个是工作经验。

“相关行业三到五年工作经验”，这是太泛泛的说法，应该更精准，如“社交类 App（Application，应用程序）运营经验”或者“智能设备领域测评经验”等。

第三，个性和目标。

如果创业团队和企业文化是年轻化，强调创造力，就不要找太资深的人，这样的人担任顾问会更合适；如果你的创业愿景是“改变世界”，那就不要找过于在意个人名利的人。

用户画像确定以后，目标就由原来的一个面变成几个点。有了这些具体的点，也就知道要找的人是谁，在哪儿，有什么特征。

我们不要盲目地去挖一个同行业很厉害的高管或总监，很多时候人挖来了，才发现这个人可能并不具备你的产品所需要的经验和能力，即使招进来，也发挥不了作用。创业成本本身就不低，招错一个人需要付出的工资、赔偿金，加上耗费的时间，导致试错成本太高；而且发生这样的事，对于整个创业团队和项目进度都是很大的损伤。所以创业早期就要精准定义招聘对象，有现有的人物画像，再去招人。

这个画像，一方面可以根据产品或业务的方向确定；另一方面，也可以在招聘过程中慢慢描绘出来，不断地迭代，这种方式适合一些比较新的商业模式。比如创始人在早期创业时并没有前人的经验可以借鉴，或者缺乏团队搭建经验，又没有一个资深的 HR 帮忙，那么，创始人可以选择在招人的过程中逐步完成用户画像。

描绘的方法：

第一，精准地找到相关领域的人才；

第二，将创业的目标，自己想要做的事明确表达出来，在过程中寻找到对你感兴趣的人；

第三，尽量与更多的人接触，进行思想碰撞，定义出你要找的人。

我曾拜访过一家创业公司——“出门问问”，这个产品最具代表性的特色是它的三个产品线，一个是问问 App，一个是智能硬件，类似于 iWatch 的手表，另一个是智能手表的操作系统。这三条线结合在一起，能够实现如下使用场景：操作硬件，让手表亮屏，然后用户可以说“你好问问”进行激活，激活之后可以提出任意需求，比如要打车，可以直接对它说“我要打车”，它里面预设了打车软件，可以自动定位、叫车、后台绑定支付系统、自动支付。这是它主要的业务模式。

成立初期他们还没有一个强有力的 HR Head，这个职能就由创始人先兼任。刚开始做智能手表时，需要有硬件的团队，但是创始人对于招什么样的人，团队应该由几种不同职能的人组成，还没形成清晰的想法。

就在这个时候，他们赶上了诺基亚的一次大裁员。

那次裁员，很多公司都带上小桌子、易拉宝在诺基亚大门口招人。“出门问问”的创始人也加入战团，专门抢夺硬件方面的人才，一有合适的，就先和对方聊：

你是做什么的？

你们团队还有几个人？

每一个人大概的分工是什么？

每个人的能力是什么？

……

他们通过这种方式，了解到硬件团队应该由哪些人员组成，需要什么样的组成结构，然后他们再根据这些信息进行更有针对性的招聘。花了几天时间，就这样搭起了一个硬件团队。

现在他们的硬件团队大部分都是当时招进来的。创始人的学习能力和招聘时的投入度让人佩服。

一个团队有无限种组合方式，我们可以不懂，但是至少要对候选人表达清楚我们想做什么，需要什么样的人，才能精准定义招聘对象，找到最适合的人。

没有想好，不要轻易空降 HRD

前面我提过，创业团队最理想的情况是早期就能找到一个资深并且愿意从零开始搭建团队和团队一起成长的大姐姐式 HR。因为当创业团队扩张到一定规模，这个时候再空降一个 HRD，往往会带来诸多问题。这是很多空降 HRD 的痛点。

比如一家经营得不错的公司，刚开始创始人没有想好到底要不要招 HR，后来在团队扩张到两三百人的情况下，招入一个有微软这种国际化外企背景的 HR——之所以挑中这位 HR，和创始人对于自身产品“国际范儿”的定位有关。

首先遇到的一个问题是 HR 和创业团队彼此的适应度。如今的创业团队基本都保持着“996”（早 9 点到晚 9 点工作制，一周工作 6 天）、“995.5”（早 9 点到晚 9 点工作制，大礼拜工作 6 天，小礼拜工作 5 天）的工作节奏，对于从大企业空降到创业团队的 HR 来说，个人生活和工作时间的平衡首先遭遇挑战。

其次，几百人的团队里可能只有两三个 HR，这对于 HR 的综合能力、落地能力、亲自执行的能力都有高要求。这位来自微软的 HR，原来可能已经是企业高管，专门带大团队，不需要亲自执行基础事务，每天更多的是从事框架性的、指导性的事务。如今加入创业团队，需要从最简单琐碎的挑简历开始，打陌生人拜访电话，联系面试、入职，事必躬亲。同时还要梳理整个企业的组织结构，工作压力和强度都很大。在已成体系的团队里，即使是强势的 HRD，想推进工作都难。如果工作推进不了，老板一定会认为：我招你干吗，还不如招一个普通的 HR。

很遗憾，这位 HRD 不久就离职了。创始人的初衷是希望把这个团队打造成具有创业基因又国际化的大公司，实际却很难达成。在快速发展过程中 HR 团队一直只有两三人，可以看出创始人对 HR 的职能需求并不大，其实他根本不需要空降具备大企业背景的 HRD。

我曾劝过他们的联合创始人："如果你们这个阶段没想好找一个什么样的 HRD，又不知道他来了能帮到什么，还不如自己来做这个工作。"

他认为内部的问题都是小事，关键是发展的过程中，公司的框架、战略才是根本。

"那你可以从自己的框架开始梳理，先定好战略，确定布局，然后为准备引入的人才画像，同时注意与你目前的企业文化和团队体系的匹配度。”所谓的企业文化需要老板一点一点去灌输给团队。如果他愿意把这件事情梳理清楚，就不需要一个HRD等级的人，招一个从事日常事务的HR即可。

另一个团队也有类似问题，一年内换了3个HRD。第一个离职的时候，我还和她做了沟通。第二个还没听说，第三个就来了。第三个入职没多久，就说：“我要离开了。”后来我决定一定要找机会见见他们，弄清楚个中原因。

第三个离职的HRD反馈了三个问题：

第一，他是“空降兵”，入职的时候整个团队有1000多人，HR部门多达20余人，在不了解团队运作的情况下，很少有人愿意支持他的工作，他很难达成什么任务。

第二，新来的HRD，一定是企业有需要，看重他的能力才引进的。加入团队后，上至创始人下至HRD自己，都希望能够做出改变或者变革。但是变革必然会影响到企业的整体结构，涉及既得利益群体，甚至改变很多人已经熟悉的工作方式。这种改变和调整容易引发同事的“弹劾”或者集体攻击，令变革方案最终不了了之。

第三，最重要的一点，老板对他的工作缺乏认可和支持。

他和前两任做过沟通，最后发现离职的原因都是一样的：如果我们加入团队只是从事执行工作，大可不必跳槽，到哪里都可以从事具体执行的工作，不需要一个 HRD 的头衔，其实只需要几个能从事行政、薪资业务的人就可以，这个团队并不需要真正的 HRD。

招人的目的一定是补充团队缺乏的一些必要特质或能力。优秀的人加入团队后，会不会用他，这是对创始人、CEO 的一个大挑战。如果不能用或用不好，不妨先考虑暂缓招聘。

另外，优秀的人才在某个专项上的能力或许比创始人强，不管是年龄、经验还是行业地位，都可能会对创始人的心理产生冲击。所以，作为创始人，必须要有开放的心态，要有宽广的胸怀，能够吸纳并接受比自己更强的人。

很多创始人性格强势，虽然希望别人帮助自己，但又不愿意支持这个人，短期内就会有碰撞，长期下来对方容易产生这样的反馈："既然我做不到，为什么要浪费职业生涯？"于是就选择离开，造成的结果就是接连浪费人才。如果人才的浪费发生了三次还不反思，那么这个团队在 HR 圈子里容易被拉黑。

技术与非技术一开始就要共融

创业团队早期招人的时候要有一个明确的意识：团队、企业的文化是什么，招这个人的目的是什么。如果目的不明确，一味只想着招揽各路大咖，后期很容易出现这样的问题：人招进来之后，各自为政；或者优秀的人才空有一身武艺，无处使劲。

我之前走访过的一家创业企业就存在这个问题。

这是一家深度依赖技术的高科技公司，一方面不缺钱，另一方面在技术上追求极致。他们在这种前提下招入了一批高端技术人才，也以类似的标准引进了一批其他领域的优秀人才，但是由于两者之间没有很好地融合，导致早期团队里，技术方面和市场、运营的工作脱节，彼此之间的关联度太少。比如在技术研发阶段，开会的时候，产品、市场这些部门的人都不参与，因为技术部门觉得其他人没必要参与，产品、市场部的人员也认为自己不需要参与。

实际上，非技术人员需要了解技术研发每一个阶段的进展情况和步骤，以及下一步的计划，才有可能根据具体情况做出配合和分析。

有一次，PR 在公众号上发表了一篇文章，写的是公司食堂。这是这家创业公司的一大特色，他们的食堂师傅是酒店级别的大厨，食堂设计高端，员工每天吃的饭菜都是大厨的手艺，还配有各种水果、凉菜，每周定期更换菜单，餐餐丰盛。这位 PR 专门拍摄精美的照片，稿件文笔也很了得，带来了不错的传播效果。但是从另一方面看，这也说明她没有那么多实质性的素材去推广公司的产品，只好另辟蹊径，把食堂当品宣。

后来我与这位 PR 有过一次深度的访谈，那个时候她已经打算离职。我去驻场的那天，创始人特意把她请来——实际上她已经有一段时间没正常上班。

刚加入这家公司的时候，她抱着很大的期望，认为创业方向、创始人的眼光都很独到，认为自己怀揣一身武艺，必有更大的用武之地。结果，因为技术研发久拖不决，不断地作调整，导致非技术的团队无米可炊——比如市场部门没有可推广的产品，PR没有可写的素材——大部分都处在干等的状态。

最痛苦的是销售团队，因为没有东西可卖。他们每天出去谈大客户，给客户传达公司的方向，描述产品Demo（Demonstration，样片、样稿、小样）。但是产品迟迟没有落地，销售团队也没办法继续跟进，导致很多机会白白丧失。

团队工作出现这样的情况，就是因为早期的人力规划没做好。早期招兵买马，一心想着把顶级的人才都招进团队，结果是把人才搁置一旁，让他们没有用武之地。当然，这并不意味着创业团队早期不应该找高级人才，而是加入团队后，创始人要想办法让他们与团队的步伐协调一致，否则，他们的价值跟团队的价值并不匹配。在不匹配的情况下，团队的力量不仅不会因为拥有一批顶级人才而增强，反而被削弱。

我给两个创始人建议：技术跟非技术之间，首先从创始人开始就要共融。他们一个拥有技术背景，一个非技术出身，各自做擅长的事，彼此互补，同时还要共融，双方的步调应该一致，相互契合，就像齿轮咬合一样。

创始人之间不融合、不配合，会导致他们带领的团队之间也不融合——技术团队只认技术出身的创始人，和非技术团队没有交集。双方都不是从整体利益出发，结果成为一盘散沙。更严重的是团队内部也会养成不好的工作习惯，比如技术团队提出需求，需要资金支持，技术出身的创始人认为需求合理，拍板决策，财务应该马上执行。实际上，财务属于非技术部门，当另一位创始人发现此事没有经过他的同意——何况从他的角度分析，这个需求未必合理——此时再提出质疑，为时已晚。

一旦质疑，呈现给团队的是两位创始人出现分歧，以后再提出需求，可能大部分员工会选择找能够批准的那位创始人。这样一来，无论是工作流程还是管理运营，都会变得混乱无序，失去标准和章法。所以说，创业团队的创始人一定要从早期开始就从团队的顶端出发，达成技术与非技术的共融。

PART 2

选人：破除招人困局

从创始人这里开始打通

专业的 HR 选择斗争

在过往企业快速发展引发的并购和裁员的过程中，我接触过的HR 大多是流程的最终执行者，在整体计划即将完成的尾声（也就是自己在企业的最后一天），也能够善始善终。

在把其他人的离职协议都签好，把每一个人的赔偿金都打到对方账户上后，最后来跟我道别："Lisa 姐，对不起，今天也是我在公司的最后一天。"

亲手送别昔日的战友，各种滋味不言而喻。

HR 离职对企业一定是不小的损失。和其他职位不同，HR 肩负着整个团队的管理职责，从梳理组织架构到订立规章制度，再到执行各种具体事务，少了 HR，团队就缺了"重要部件"。

预防和避免 HR 的变动，这是创业的一个重要话题。站在创业者的视角看，这种情况应该极力避免。HR 如果在创业的紧要关头离职，会给团队和创业进度带来麻烦，且不说重新招聘浪费成本和资源，新HR 还需要三五个月重新适应企业氛围，在这期间，团队最容易滋生各种问题。

所以，我把和投后企业的 HR 保持密切沟通当作重要的工作之一。

包括不断地培训，直线一对一、高频次的沟通，培养彼此之间的信任度和情感的依赖度。

我会亲自去一线城市的被投企业，也会定期聚集二三线城市的被投企业的 HR 到总部沟通、参加培训。因为沟通联系得频繁，当他们个人或者工作出现问题时，总是愿意先和我谈，向我倾诉，我也能第一时间了解他们的情况。在他们因为一些问题产生摇摆时，我可以参与协调，降低 HR 变动的可能性，让创始人和公司尽可能减少损失。

如果在短期内连续有 HR 辞职，至少在人力资源、团队建设方面容易造成脱节，导致问题搁置，给公司的业务发展带来负面影响。

曾有一位被投企业的 HR 离职，我从圈内人处得知消息后，找到他，一方面，希望能详细了解具体情况，想听听他对团队的反馈；另一方面，也是因为我们投后团队要对这个项目负责。

他认为最大的问题是团队创始人没有给 HR 足够的支持，他想做的事很多，可一旦和业务部门发生冲突，创始人总是一边倒，力挺业务部门。他的个人能力和执行力总体不错，但是创始人的办事风格影响到了团队和他的配合程度。他在平时的工作中，可能要解决很多业务部门提出的问题，同时还要承担所有可能产生的后果。所以他看不到个人价值的体现，长期下来就成为干杂事还要背黑锅的 HR。

这是很多 HR 在工作中都会遇到的问题，老板有时不了解 HR 所做事情的价值和用处，业务部门是直接出成果的部门，所以很多人都会偏心业务部门。

我告诉他，如果是我，我会选择把自己变得强势。当然，强势的前提是我一定会坚持我做的是对的，而且真的会把事情做对。我会对老板说，你用我就必须信任我，让专业的人来做专业的事。

专业的 HR 会选择斗争，不轻易妥协，能够说服老板，协调整个团队和各个部门，配合推动管理需求。在创业团队里，HR 一定要学会培训引导，甚至“管理”你自己的老板——这是一个从下往上，“向上管理”的过程。HR 如果“管理”不了老板，就会变成一个单纯执行上级想法的普通员工。

老板下命令，HR 就执行，这是有问题的。很多早期创业团队的创始人其实都没当过高层管理者，以前可能只是一个职业经理人、一个名校毕业生，甚至只是职场菜鸟，可能他学过 MBA，有系统化的知识，但是当把他放在一个创业团队担纲管理，容易暴露很多短板。他在具体事务上可能没有问题，但是由于不懂 HR 的管理经验，他甚至有可能认为 HR 所做的事是在阻碍业务进程。

作为 HR，让创始人理解你要做的事，也是工作中的一环，需要说服创始人：HR 不是敌人，而是帮他实现管理路径，让管理落地的人。

HR 态度要很明确，创始人给你的建议，你可以接受，但是要清楚地表达：

这个建议，如果按照你的方式实施，风险是……能不能承担这个风险？

如果可以承担风险，我去执行。

但要同时告诉你，按照我的做法，正确的方法是什么。

有了这个正确的方法，我能够帮你规避什么样的风险，老板你来决策。

把创始人当成决策人，站在专业的角度提出并坚持自己的想法；要经常和创始人碰撞，在团队的管理模式方面达成共识，这才是一个有经验的 HR 该做的事。否则，老板让 HR 干到 1，HR 努力地干到 1.5，结果大方向错了，一切都没用。

培养 CEO 与 HR 的互动

2015 年，我去走访一家科技类被投企业，发现这个企业有一个特点——创始人和 HR 之间的合作管理模式比较另类。

创始人年轻有为，擅长战略定位，经常主动参加在创业上能给他带来帮助的各种活动，比如群英会、创新工场、京东、真格基金的活动，并且在创业的每一个阶段都会不停地去寻求帮助。创始团队的组成有些特殊：父亲帮他协同开发，母亲负责管理仓库，他的发小负责项目。HR 是从外部招聘的原新浪资深 HR，团队里的人都管她叫“大姐”。

这是一个很有意思的现象，女性 HR 很容易被人称作“姐”。

在早期的创业团队里，“姐姐”的定位体现出创始人的信任和团队的依赖。

在高密度、高频次的工作节奏中，员工更希望在团队里有人爱护、有人关照。

生活上，这种“姐姐”型 HR 会给团队争取更多的福利待遇。

工作上，“姐姐”型 HR 通常有丰富的生活阅历，能够敏锐地发现团队在情绪上的不稳定因素，及时安抚，把这些潜在的问题挖掘出来，帮他们向上反馈，对接解决方案。

从另一个角度看，这种“姐姐”型 HR，在亲人式的团队关系中，内心也是需要被照顾、被安抚的。

这位大姐因为认可创始人和项目定位才加入团队。她入职后，发现创始人不怎么会沟通，或者说不够重视人与人之间的沟通。他的做法不是把事情说透，而是直接告诉员工怎么做，再加上做事执着认真，有时会给人一种唯我独尊的优越感。

我去拜访的时候，创始人用了一个上午的时间在阐述团队的问题和今后的发展。

中午，HR 就开始泪眼婆娑，向我倾诉她的心事：老板不重视她，有时话还没说完，他人已经站在门口了。她认为加入这个团队，从一开始搭建基础架构，始终和团队在一起，到头来，老板都不听她的想法，她给的建议老板也不用。所以她很委屈，认为团队根本不需要她。

其实，老板跟HR之间的亲密程度，亦师亦友，又像亲人。

老板会把公司战略告诉HR，而且很多HR还要兼管财务，甚至包括老板的私人账户、私事，HR也都在参与。老板也容易把HR当成另一种形式的亲人。

很多人对待自己亲人的时候，反而有逆反心理，什么都懒得听，认为自己的想法没必要表达出来。所以很多创始人可能对大部分员工都很关爱，反而不太在意最亲近、最信任的员工。

这家公司的创始人并不是真的不听HR的话，因为太信任、太熟悉，所以不太注意自己平时的态度。可是HR对他的态度很敏感，她辛苦工作，想要一个赞许、一句认可的话，而不是不耐烦的态度。尤其是女性HR和男性创始人之间常常会有类似情况。

因为这事，我和创始人做了一次沟通。

我说："今天跟你的HR聊了，她说要走，但并不是真心的，实际上她只是希望你关注到她的心情。"我告诉他，安抚HR并不难。首先，要及时在团队面前认可她的工作，或者当面给她肯定；其次，听她讲话的时候，要有认真的态度，听完立刻反馈。

这位创始人很惊讶："是吗？他们真的需要吗？我应该在这上面花时间吗？"

我说："你试试，或许会看到不同的效果。"

这次深度沟通后，不到一周的时间，我看到HR大姐加完班，在朋友圈这样写到："夜里伴着星斗回家。"

创始人立刻在下面点赞："太辛苦了，早点回家休息。"

大姐回复说："谢谢老板！"

其实人和人之间的感情就是这样，很简单的回应就能让两个人从有隔阂变成互相理解。

这位创始人清楚自己应该怎么做，但是没有人提醒的时候，他可能会忽略，这种忽略看起来是小事，但是长此以往，会造成他和 HR 之间的心理隔阂越来越深，到最后可能会失去一个对他特别忠诚的人。这种创始人跟 HR 之间的微妙关系，既是管理关系又相依为命，在创业团队里并不少见。

半年后，我与这位 HR 大姐又深聊过一次。那时，他们的团队由三十人增长到七八十人，分布在不同的大城市，她每年要做两次全员评估，和每一个人当面沟通，以便帮助创始人管理团队，了解全员心态上的变化，随时把握需求。每次谈完，她需要收集每个人的想法、意见，然后汇总，再给每个人反馈，最后据此对公司内部进行调整。走完全流程非常累，但是她愿意，哪怕自己辛苦。

当我再去走访企业时，能够发现创始人和她之间很有默契，相互之间的信任已经达到了不言而喻、心照不宣的程度。这是在创业的过程中一路磨合的结果，得来不易。

在我看来，HR 大姐可能是能够和这个团队走到最后，和创始人一起走到上市阶段，一起去敲钟的人，因为她能自我驱动，成为团队的向心力，和团队捆绑在一起，而且对企业有真正的感情。

我自己创过业，所以对这种团队关系心生羡慕。现在从事投后，我做得最多的事是倾听，帮创业团队疏通问题，实际上这个团队成败与否，和我都没有太多情感、精神及价值感方面的关联。而创业团队内部，HR 和团队的感情要真挚许多。

我有时候挺心疼 HR 大姐，常看她的朋友圈。一般到了节假日，她才会发一些陪孩子的照片，她留给家庭的时间极少。在 HR 圈子里，女性居多，她们在创业团队里面临的压力比男性更大，既需要平衡家庭和工作，也需要来自家庭的理解和支持。

创始人及时地给 HR 真诚的安抚，多给予认可和赞许，支持他们的工作，才能彼此互通有无，紧密联系在一起。HR 则需要学会培养、说服创始人，让他变成跟你有互动的人。很多创始人不是不愿意沟通，而是不懂沟通对团队情感联结的重要性。作为 HR，除了管理团队，也要善于从创始人这个节点打通工作的“任督二脉”。

做创始人之间的黏合剂

一个创业团队，通常有两个或两个以上创始人。创始人之间有分歧是很正常的事，关键是要看这种分歧是不是能够求同存异。

我们去走访企业，遇到初创团队的创始人之间有分歧，我会给一些提示。

首先，要看是什么样的分歧。如果牵涉到创业理念、目标愿景之类的大分歧，这种情况需要从长计议。不过，多数情况下，能够一拍即合的联合创始人至少在早期创业阶段，目标都是一致的，往往是因为一些小问题造成分歧。

可以分为两种情况：

第一，两位创始人只是内部闹矛盾，闹情绪，沟通不畅。HR 应该敏锐地察觉到，并且直接和两个人聊，做调解工作，或者作为第三方，让两位创始人坦诚相对，把问题聊开，以免情绪蔓延，影响到团队的工作气氛。

以走访过的企业为例，我发现男性合伙人特别容易产生分歧，而且沟通起来有很多阻碍。本以为男人之间的相处应该很简单，大大咧咧，对很多事情都不是那么较真，不怎么在意，也不太敏感。真正进入企业以后，会发现两个男性创始人之间，有时只是表面不较真，不在意，实际上心里也会有些小九九，只是不方便说出来。

比如两个联合创始人，一个是 CEO，一个是 CTO——主管技术团队。CTO 和技术团队开会，没有通知 CEO，CEO 心里有芥蒂却不好明说，但 CTO 也不是故意把他排除在外，而可能只是认为这是专业技术方面的问题，CEO 去开会没有太大意义。这种时候，两个人如果都把想法闷在心里不说，便容易积累矛盾，积累到一个临界点，就有可能造成大的分裂。

因为两个人每天都在一起，比与各自配偶在一起的时间都长，出于这种心态，他们会认为很多事情没有必要说。彼此认为可以心照不宣，自己不说，对方也应该知道。但是，不管是什么样的关系，夫妻、朋友、家人还是合作伙伴，都不可能完全了解对方所想，必须有良好的沟通，否则久而久之两个人一定会互相猜疑，心怀芥蒂，慢慢产生沟壑。

团队如果有“第三人”，比如强有力的 HR 或者 PR，可以在两个联合创始人之间起到黏合、沟通、撮合的作用。我之前走访时遇到的创业团队，很多都没有“第三人”，所以我会临时充当这个角色，把两个创始人叫到一起，让他们开诚布公地谈问题。

在创业团队里，HR 需要充分理解创始人，为他们化解矛盾，打开心扉。这是工作中的重要一环。很多创始人的关系就像是“半路夫妻”，并非原生状态，而是出于契机开始搭伙创业，矛盾在所难免。

比如有可能出现缺乏信任，或者担心对方不信任自己，导致剥离管理权限等情况。但只要不是根本理念方面的分歧，就能够通过坦诚的沟通解决问题。

就上面的案例来说。CTO 和技术部门开会，将 CEO 排除在外，这种做法是不对的。CEO 也许不懂技术上的细节，不能在技术上出谋划策，但是作为 CEO 有知情权，两个创始人需要站在一条管理线上，共同决策。CEO 也应该坚持这一点。作为 CEO，应该要了解公司所有的产品线，所有的开发进度，还有开发过程中遇到的问题，熟悉全盘情况，知道技术和非技术如何统一步调，才能有战略性的思维。

HR 也需要理解个中微妙之处，才能够把团队运作好。如果任由创始人各怀心思，各自担心自己在团队中失去威信和价值，团队就会分崩离析。

我曾经跟两个闹矛盾的创始人说，不能因为两个人都是男人，就什么都不说；心里有想法就要说出来，要像你们跟自己的女朋友沟通一样，要不停地说，多碰撞。他们一边听我说，一边就在反思自己哪里做得不好。最后，送我出门时，他们对我说了很多感谢的话，觉得我帮助他们解开了心结，打通了壁垒，轻松许多。其实这也是 HR 在创业团队中的价值所在。

还有一种情况，两位创始人在团队面前，决策出现分歧，甚至各自所带的团队之间，互不配合。

两个创始人经营一家公司，带领一个团队，就像父母养育孩子。作为教育孩子的一方，父母就应该结成小团队，这个小团队说什么话，做什么决定，应该有统一的口径，不能父亲说行，母亲马上反对，最后会让孩子认为只听爸爸或只听妈妈的话就好。长久下去，另一个人会逐渐失去威信。

所谓联合创始人，两个人加在一起就是一个管理团队，面对员工时，必须统一口径。有分歧，可以关起门来解决，内部讨论商量。经过沟通达成一致当然最好，即使拿不出一个能够说服对方的理由，最后也要商量出优先级的执行方案，即在有分歧的情况下，两个人要事先谈清楚，接下来做什么决定，谁最后拍板决策。

给不太会沟通的牛老大配对职业经理人

对于顶级的技术人才，招聘的时候要有选择性地判断他的定位。这类人通常有两种职业发展方向：

一种是成为 CTO。他们擅长沟通，善于表达自己的想法，愿意培训下属，适合担任管理层，往技术总监的方向发展。

另一种是资深的技术人员。他们有技术情怀，技术“洁癖”，不愿意做管理工作，认为管理是在浪费精力，只想写代码。在一些技术团队里，经常看到一些三十多岁的员工在“码农”。他们不是因为无能升不了职，只是安于这个位置，只想单纯做好这份工作，并且乐此不疲。

创业早期，这两种人都可以引进，但是要用在不同的地方。一开始，最好先招聘能自己写代码，也愿意跟别人沟通的人。技术不一定要达到高级水平，这个阶段的目的是希望他帮公司聚合一批人，组建技术团队。同时有能力与产品、市场等部门协调步伐，合作做事。

那些技术能力强但不善于沟通、只想写代码的人，也一样可以吸纳进来，让他们在团队里扎扎实实地钻研代码。当然，不能置之不理，而是要不断地鼓励他们，不断沟通。在大团队里，比如BAT，每个人都有很强的计划性，在哪个阶段要实现什么样的代码节奏，都一清二楚。每个人相当于大团队里的一颗螺丝钉，按部就班。今天要完成什么任务，明后天要处理哪些问题，产品的版本是一个月还是两个月能做完，都有详尽的执行步骤。

创业团队不是这样。创业过程中，项目、市场、用户需求瞬息万变，常常发生这样的事：代码写了一个月，然后版本废掉了，推翻重来。这会对技术大咖造成强烈的心理打击，因为他是要通过写代码实现自己价值的。

所以，创始人和HR要经常和他沟通，虽然他不善于沟通，但是通常知道如何倾听别人。我们要不断地让他知道，团队让他做的、让他改的，产品版本的调整过程，给目前创业的节奏带来了什么样的协同效应，相应带来哪些改变。这样才能保证他在技术团队里始终保持强大的创造力。

技术大咖也有一部分自主创业。这些创始人技术一流，就是不善于做内部沟通。

在创业早期，他们当团队一把手完全没问题。比如我认识的一个创始人就是纯技术型人才，早期团队只有一二十人，他身兼多职，既是产品经理，又是技术总监、QA（Quality Assurance，质量保证）等。同事都知道，老板技术足够厉害，任何技术问题都可以和他沟通，因此也树立了绝对的权威。这位创始人做的正是扁平化管理，他了解每一个开发步骤，前端后端的开发节奏，各个环节如何配合。

一旦产品上线，接下来的推广、团队扩张、管理等各方面问题接踵而来，他的短板也就凸显了。这时创始人需要马上去找能够和团队同行的专业人才。

在管理层面，创始人最好不要身兼技术与非技术两项职能。很多投资人都希望创业团队要有两到三个联合创始人，来自不同领域，彼此互补。这是比较理想的团队早期架构。

在后来的商业化过程中，这位创始人没有找到合适的人打起推广、运营的任务，很多时候他自己一个人兼任。但运营并不是他的强项，当他的精力大量转向运营后，花在技术上的时间也就少了，两方面彼此牵制，都出不了成果。这种情况下，如果他有信心可以带好非技术团队，完全可以剥离技术领域的职能，引进技术总监，让技术总监在早已经搭好的架构上去担起管理工作。

创始人单打独斗发展起来的创业团队，一般都会遇到瓶颈，没有人是全才，即使才华横溢，谁又能战胜有限的时间和精力。早期或许还能兼顾，发展到一定阶段后，必须找专业的人、职业经理人帮团队实现企业化的管理。

有的创始人会问："一个市场总监张嘴就要年薪五十万，到底值不值得？"他们可能认为团队估值够高，没必要花大价钱招人。我的建议是，寻找优秀的、资深的、专业的人才加入团队，千万别在薪酬上吝啬，他能够为团队创造的价值，可能远远高于团队在他身上的付出。

遇到超级自信又偏执的老板怎么办

投后服务大量接触的是早期创业团队，大多处在刚起步状态。也有一些团队和企业已经发展得比较成熟。发展越大的企业跟我们的黏性就越小，想直达创始人了解他们的信息的可能性也越小，跟进会越来越难，因为创始人需要承担的职能越多，越难分出精力给投后服务的团队。

所以，在团队发展的早期，我们会介入得多。前面提到技术创始人，我们会直接向他提建议，甚至帮助诊断团队的问题，向他推荐能够弥补团队管理缺失部分的专业候选人。

投资人如果看到创业团队或创始人的不足，通常都会直接提要求。

有一次，我们意识到一家创业公司的创始人在领导力方面需要提升，想通过外界的力量帮他找到合适的人选来解决困境。

这个创始人富有个性，想法向来与众不同。他把团队的办公地点安置在一座特别豪华的办公楼里，周边都是繁华的高档商业区，LV、纪梵希等奢侈品品牌都进驻那里。且不说租金不菲，公司还在装修办公室上花了不少费用。

他认为："我们在做一个伟大的事业，必须要给员工最好的福利、环境和待遇，让他们觉得自己参与了一个值得奉献青春的项目。"他坚决不允许自己的员工坐地铁上下班，因为他们做的是特别高大上的产品，所以他要求所有的员工一定要站在一个高端的状态和角度上，否则只能做出"土鳖"产品。但是在投资人看来，这是在烧钱，而且烧得太狠，都担心这样下去会失控。

后来我了解到，技术方面，他确实是天才，还没毕业就已经获得过众多奖项，在互联网圈子里备受瞩目。他们在做的产品也很有颠覆性。

另一方面，可能也是大多数天才的共同点，他的性格有点小偏执，极度自信。他不在意别人相不相信他做的项目，只要自己相信就够，同时认为不需要任何人参与配合。他完全相信自己的招聘能力、管理能力、市场洞察力还有技术能力，在这个公司，他一个人拍板做事就够了。

正是因为这种天才式的自信和偏执，投资人对他是又爱又恨，虽然看好他，同时担心，如果没有一个合伙人从相对理性的角度配合他做出判断，将来在方向上可能会跑偏。

我第一次走访，他内心是抗拒的，他知道我是投资人派来的，表面上说是要帮助他，实际上是要给他“捆绑”所谓的合伙人，所以他里外都表现得很不乐意。他坚信自己不需要帮助，但是又不太好直接拒绝，只好勉为其难，象征性地和我谈谈。

站在投资方的角度，投资人认为把办公室放在高租金的地段，装修豪华，给员工远超出期待的福利，根本不是一个创业公司的做事态度。毕竟很多创业团队都是苦哈哈地挤在小办公室里，甚至有的团队连个像样的办公室都没有，很多员工都是靠“画饼”招来的，工资不高，还实行着“996”工作制，非常艰辛。但是他认为只要能够给他的公司带来价值的人，一定要毫不吝啬配备高出市场均价几倍的薪金和福利。

投资方认为这是对他们的不负责任，很可能还没见到产品，钱就烧完了，所以必须派一个人帮他管理这个公司，让他把精力放在擅长的技术和产品研发上。

站在个人的角度，我认同他的价值观。他谈产品时，那种执着的态度足够打动人，而且会认真地从技术上解释我提到的关于项目和产品的问题。他认为自己很清醒，对公司要做什么都有清晰的规划。创立的两年间，他亲自招聘所有员工，并一手搭建产品、技术、运营架构，他坚定地认为战略和执行的方向没错，根本不需要合伙人。

后来，HR 部门的人告诉我，员工都是由衷地崇拜创始人，团队内部认同他的领导力和凝聚力。情况可能并不是外人看到的那样，其实他在用自己的方式，保护并推进项目，只不过他是剑走偏锋。

初创团队的 HR 可能会遇到各种不同类型的老板，对不同的老板，可以采取不同的态度和方法。一个创始人管理一家公司，带一个团队，从技术到运营，到市场，全都一个人兼任，未必是好事，但是假如真的有这种天才型的创始人，有足够的才能和精力胜任，不一定要按照一般的标准去矫正他，反而是跟随他，让他有足够的空间发挥，或许会更好。

招聘路径：张开嘴、迈开腿

从老板刷脸开始

招聘这件事，对于创业团队的HR或者创始人来说，不同阶段需要利用不同资源：

A轮之前的创业公司，创始团队是招聘的核心。

A轮到B轮前，充分利用投资人的资源，高端职位选择性地用猎头，中低职位由HR解决。

B轮以后，中高端职位大量使用猎头，同时低端职位用网络招聘和自建数据库。

早期一般是团队的老板先投入一半的时间“刷脸”，与联合创始人一起招聘。比如尝试一些新出现的招聘平台、CEO直招（拉勾网、Boss直聘）等，或者用团队中知名度比较高的成员的LinkedIn（领英）和心仪的候选人直接沟通。创始人、合伙人要把自己的优势和魅力全方位展现出去，早期的招人困局才能够逐渐破冰。

千万要避免一个错误理念：招聘是HR的事。这是初创团队最大的忌讳，一定要做到让创业团队的每一个人都变成招聘专员，动用团队的人脉来寻找人才。

早期的技术类招聘，技术合伙人必定是核心面试官。公司的技术合伙人平日里就要注意拓展自己在技术圈的人脉，居安思危，经常参与各种技术交流、极客论坛，经常出现在技术人员比较集中的场所。

拓展技术人脉不是见个面、交换名片、打个招呼那么简单，技术合伙人通常不善言辞，但正是这种个性，导致同类相吸。对于技术人才来说，唯有技术相关的讨论，甚至真枪实弹的代码，才能戳中他们的点。被技术合伙人吸引的人才一定是真心拜服于他的技术水平、技术视野，或者项目能力，对他有真正的认同感。而这种认同是在一次次的交往中逐渐形成的，所以说这是个慢工细活，没法一蹴而就。

另外，要做好整个企业内部的内推制度。刚开始组建团队的时候，“刷脸”都是无偿的，这种无偿的制度会导致团队的人积极性不足，有些人的身边有一定的人脉资源，但是如果没有内推机制给予奖励刺激，他们就有可能不会主动去发掘身边的人才。

如果使用猎头，一个稀缺岗位可能要花两三万，但是如果让团队的每个成员都成为猎头，推荐成功之后送一个iPhone或者送一万现金，这样更划算，而且见效很快。因为对他们来说，推荐人才只是随手的事。每一个人的人脉圈子，都可能拥有其他圈子里的人不具备的人脉资源，比如你要招技术、美工、产品、销售、HR，做出特别漂亮的招聘文案，让大家都去转发，或者去留意周围的资源，或者直接推荐身边的人，只要有良好的内推机制，大家都会愿意主动去做这件事。

招聘文案也要配合这种机制，给每个人的文案应该是不同的，比如交给销售去转发的文案，只需要招聘销售的内容，不要在里面谈论技术，因为他的人脉圈肯定是销售方面的人才居多。

刷脸和做内推后，HR 还要善于运用各种社会化的渠道进行招聘。现在互联网工具很多，垂直的、综合的，多多益善，比如 Boss 直聘。另外，也要善用创业企业背后的投资机构的渠道，像我们投后团队，一定会最大限度地帮助被投企业，我们希望企业能成功，降低死亡率，提高存活率。

总的来说，创业团队的早期招聘，需要创始人多出去“刷脸”，增加曝光度，提升吸引力，这样能够以创始人为核心，聚集一批价值观趋同、气质趋同、目标趋同的人才。

在这方面，有颜值的创始人会很有优势，比如上《非你莫属》之类的求职节目，展现自身魅力，不仅能够提升公司的知名度，也能够直接吸引人才加入。或者曝光机会小一点的，社会上经常会有一些论坛或者创业大会，比如智能硬件、飞行类的论坛，有很多技术人才抱着技术交流的态度参加，只要你能够成为这个论坛的核心，一定会有很多被吸引或者对你崇拜的人愿意主动聚合交流，这也是创始人吸引人才的一个通道。

充分利用自己创业之前的学业背景或职场资源，或者找到一个重量级的合伙人，对于“刷脸”也很有帮助。我走访的一家企业，创始人属于典型的谷歌范儿，曾经在谷歌工作过，从美国回来创业。我初见他时，他的中文还特别差，给我发资料都是英文。和他接触，能够明显地感受到他的气质直接简单，典型的西方式管理风格。他看中哪个候选人，能从早上聊到夜里。

他找的合伙人能力很强，在专业研究领域是导师级的人物，这是他们团队最大的一个优势。这种导师级的人一旦加入，对于吸收候选人会有极大帮助。比如导师身边的学生，在专业领域的跟随者，这批人都会愿意加入。

这个创始人也很会利用自己的职业背景，很多对谷歌感兴趣，或者想加入谷歌的人来找他了解情况，结果他利用这个优势，把好几个想去谷歌的人都吸收到他的团队。其中有一个应届生，被他说服放弃谷歌加入了他的团队，直接负责一条产品线。

能够把重要的管理职能交给一个年轻的、没有工作经验的应届生，可见这位创始人做事不拘一格。他愿意培养、放权给有才华的人。我再去回访时，发现这个应届生男孩在这一年间成长了许多，变得更自信。他认为现在与团队沟通不是靠年纪和经验，他对项目的理解，对团队的了解以及过硬的技术能力，足够让他赢得团队的信任。他甚至主动把一些优秀的学弟、学长都挖过来，说明他对自己所做的事足够上心。

从团队的早期搭建情况看，他们以创始人为核心，扩展到合伙人、团队，吸引的都是围绕在身边的精英人才，创始人也愿意投入大量时间，去吸收同类。这样的团队，流失率小。

尝试各种招聘渠道和工具

规模化招聘渠道：最佳配比

渠道类型	渠道细分	优势	劣势	最佳配比
内部推荐	员工的 1 度 2 度关系	高质量 高存续率	管理成本	50%
自主招聘	官网 公司宣传活动 社交招聘	雇主 品牌宣传	管理成本	30%
招聘网站	综合招聘网站 垂直招聘网站	低门槛	低效、管理成本	10%～15%
猎头	机构个人	简便 高质量	财务成本	5%～10%

这是我画的招聘渠道最佳配比表，创业团队根据这种配比进行招聘，无论是从成本方面还是效率方面，都是比较合理的。

当然，这些只是一些常规手段，实际操作过程中，可以根据团队、产品研发进程、市场、运营等具体情况调整，尽量利用一切能够利用的渠道和工具。

有一家名叫“谷露”的软件公司，他们做的产品是为B端用户服务的猎头招聘软件。创始人属于内敛型的产品经理，不爱表达，但是他招人很有一套，他的团队里聚合了国内顶尖的技术人才，还有从Manpower这种猎头公司挖掘的销售型人才。既把公司的产品打磨得很扎实，同时又能将市场拓展和执行层面的事务交给商务型的人才负责。

谷露的招聘软件向各类猎头公司提供服务。首先，这种工具能够大大简化从简历筛选、汇总到人员流动等的工作流程；其次，能够优化、提升简历库的数据管理。

据创始人讲，谷露已经拥有全国一半以上猎头公司的信息用户资源，在这个领域相当于独角兽级别。过去，猎头公司非常排斥使用系统，都把简历看作自己的生命线，不能把生命线泄漏出去，本着“防火、防盗、防自己人”的心态守住简历的拥有权。但是从如今的市场看，多数猎头公司都有几百万、上千万的简历，没有太大差别。获得简历的渠道很多，比如登录智联、前程无忧，购买一个账户，即可获得海量简历。真正的核心竞争力是能不能在简历库里真正挖掘出有潜力的候选人。既然利用更好的工具能够实现更大的价值，为什么不用呢?

对于HR、猎头来说，使用这类工具，共享平台和系统，是未来的一大趋势。我们也在使用谷露软件，主要用于服务真格基金的被投企业，相当于搭建一个所有被投企业能共享的巨大人才库，并且实现简历置换。每一家被投企业都会收到很多简历，在逐层筛选的过程中，很多简历就会被闲置，被闲置的人不一定不优秀，有可能只是时机不太匹配，或者不太适合目标职位。这种情况下，我们会让企业把这些简历上传到谷露系统，共享出去给内部被投公司。这样一来，企业永远都能得到更多信息，而且都是新鲜的渠道和资源。

在一次分享会上，我曾经听人分享过另一种有趣的招聘方式：招聘亟待解决的问题是提升效率，比如一个 HR 一天最多能打 100 个电话，这个数据没办法再提高，那么，怎样能够在电话沟通后，让更多有意向的求职者参加面试。

会上，一家科技公司分享了他们的产品——一个专注于服务业招聘的 App，相当于一个连接 B 端和 C 端的平台。他们是这么做的：比如帮一家新开张的餐厅招人，后台可以精准地找到餐厅周边一公里范围内的 1000 个电话号码，这些电话号码不是随机获取，而是通过数据分析，根据地理位置、职业等资料筛选出来。普通招聘的邀约率 10% 到 20% 就已经相当不错，但这种邀约率能达到 40%。

产品中还有一个“红包加急”的模块，B 端用户需要付费使用，主要服务有大量招人需求的企业，比如肯德基每年用人超过十万。另外，那些对品质有需求的 B 端客户也是重点服务对象，比如高档会所需要招高颜值的服务员。“红包加急”的方式，即在发布需求时散发红包，直接分发给后台筛选出的有意向或符合要求的候选人，同时支持二次分享，推荐给其他求职者，入职成功后可以得到推荐红包等。这样的分享和激励机制最大限度地拓展了招聘渠道和资源。

产品针对C端用户还有更多的数据分析，比如后台记录用户的职业履历，从事哪个行业的工作，这样有利于在筛选时按照条件实现精准抓取。再如，一个用户长期在A地、B地两地移动，一段时间内忽然中断，开始往其他地点移动，那么系统会判断该用户开始进入求职阶段，于是向该用户推送更多的职位信息。

互联网时代的招聘渠道和工具层出不穷，尤其是各种垂直的产品，只要有心，就能找到方法提升招聘质量和效率。

种子计划：如何用好实习生

除了招聘正式员工外，创业团队聘用实习生，也是获取人才的方式。成本不大，还有可能捞到一块“璞玉”，实习期结束可以直接招入，省去招聘的各种成本。

招聘方式很简单，可以通过水木社区等高校论坛渠道发布信息，吸引大三下学期或者研二的学生。那么如何有效地吸引他们呢？

一是“利诱”。一般大企业的实习生待遇都有公司制定的统一标准，比如120元/天，创业团队可以给150元/天，或者大公司给150元/天，你可以给200元/天，同时让他们享受全职员工的工作餐、零食等福利。

二是用“平台”“施展空间”“成长”等吸引学生。学生找实习和找工作的心态是不同的，很多人不是为了赚钱，而是为了学习经验和知识，实习去大公司，意味着一个萝卜一个坑，很难施展才华，未必能学到东西，但到创业公司，能获得更大成长，还可以进入各种职业角色中学习。

一些大互联网公司都有比较系统的“管培生计划”，甚至企业内部专门开设了学院进行培养。初创团队基于现实条件，这种培养计划可行性小，但是可以设置管培生的职能。早期团队可以从北邮、北航、清华、北大等学校对接技术类实习生，把他们吸引到技术团队。他们既是实习生，同时还要给他们足够的成长空间，开发兴趣或特长，包括感兴趣的产品、技术、运营方向等，与各个部门有更多的工作交流，尝试不同类别的工作。

这种做法就是把大公司的管培生计划微缩在初创团队。这样做有什么好处？

首先要了解，为什么大企业要开设管培生学院？如果单纯只是招实习生，每个实习生只在对应的部门工作，很难了解其他部门的情况，即使以后成为正式员工，也只能从事单个部门执行层面的基本工作，企业只是得到一个普通的员工。

在管培生计划里，这些人会在不同的部门之间流动。这个月在某个部门进行阶段性学习后，进行评估，再换到下一个部门，重复几次，花半年到一年的时间他们便能了解整个公司的运作和流程，相当于一个种子计划，培养今后的管理者。

在创业团队，所有部门可能都在同一间办公室，招聘新人后，可以让他与团队里的每个人接触，执行不同部门的工作指令，预计三个月就能了解每个部门的职能，走完大公司半年到一年才能实现的轮岗流程。

创业团队的小轮岗制度可以让他们在本职工作的基础上，与团队有不间断的发散式交流，还可以鼓励管培生参加各种业务会，提需求、建议，将想法释放出来。比如研发社交产品的团队，主要的用户群是95后，但技术团队都是80后，他们在产品定位方面可能不如实习生，不妨让他们拿着产品直接回到校园内测，马上可以收集到精准的用户反馈，汇总后向产品经理推送关于调整方向的建议。

除了产品反馈，运营方面也可以真正回到学校与用户群体进行互动。这些管培生就相当于一个出口、内外沟通的渠道，为初创团队的产品创新提供新视角。当他们带着产品回到校园，与同学沟通，本身就能带来成就感，而且搜集来的信息能够马上应用到产品的开发上，这会让他们感受到价值感和荣誉感。所以，实行小型管培生轮岗或者“种子计划”，不仅可以培养人才，也能为团队注入新鲜创意。

一些大学生分期金融产品的创业企业和实习类App都是通过培养

“校园大使”的方式，深入学校拓展实习生渠道，吸收和培养校园人才，类似管培生计划。

为什么要在学校发展“大使”？

他们想把“大使”首先培养成具备招聘、培训职能的人才，然后让他们组建小团队，成为团队负责人。每收一个人、转化一个人都有薪资回报。能够做好这件事的人通常有良好的沟通能力、判断力、招聘能力以及领导力。

首先，他们必须了解企业的标准和要求，然后根据要求寻找对应的人才；过程中，必须判断这些人才所对应的大学、院系、社团；招募时，还必须展现个人凝聚力和魅力，吸引社群和人才聚拢在他们周围。

其次，“校园大使”还要判断候选人的个性、适合的职能，了解这些人在学校的成绩、背景与项目的契合度，然后再招进团队，经过再培训后推荐给有需求的公司。

“校园大使”一方面可以了解上游职场的需求，同时清楚求职者对职场的判断和期待，所以今后无论在校园还是职场，都是具备较大发展空间的“潜力股”。创业团队招聘管培生时，可以先聚焦到这些人。

另外，在学校招聘管培生时，还有一个推荐渠道——AIESEC（国际经济学商学学生联合会）组织，这是全球最大的学生公益组织，他们吸收了顶级高校或学校社团中的优秀人才。大企业如联合利华、宝洁，都与 AIESEC 有紧密合作，经常赞助 AIESEC 组织的大型校园宣讲或者大型学生类拓展活动。

这个组织的人员都在学校里面学习成绩优异，又具备优秀的沟通能力，愿意参与和未来职业发展有关的各种社会活动，他们也是创业公司吸收管培生的一个重要渠道。

把猎头当作商业伙伴

初创公司到底要不要用猎头？初创公司一般很穷，要么用捉襟见肘的早期投资在算计着花钱，要么就是创始人自筹资金的岌岌可危的现金流状态，而猎头费用高，用 20% ～ 30% 的费率通过猎头去招一个候选人，有没有必要？

投资环境好的时候，初创团队早期能拿到的天使投资是 100 万美金左右，这些钱要按照 12 ～ 18 个月的天使存活期去花，以 18 个月的存活期为例，往前倒推 6 个月，创始团队就要为下一轮融资做准备。比如有产品了，从 demo 变成一个可视的产品，或者市场上开始有反应了，这时要进行下一轮融资。在 12 个月的时候，就要启动融资的准备工作，如果接下来三四个月他还融不到资金，那公司就很难存活。

从现金流储备的立场上考虑，初创团队对于天使期的融资一定是特别小心地使用。这些钱分解到每一个月，很容易就能测算出来每个月的人工、房租、外包的成本、开发的成本、早期的市场成本大概都是多少，每一个月都有一个量化的数字摆着，所以初创团队会尽可能地去节约每一分钱。很多创始团队的创始人在早期都不拿工资，甚至还会自掏腰包去为团队做事。可想而知，在这样的情况下用猎头，对创始人来说就像割肉一样。

我们曾经做过一次线下的 HR 培训活动，其实是为了澄清一个观念，初创团队也可以用猎头，而且该用的时候一定要不惜代价地用，关键是要知道怎么用，什么时间用，怎样让猎头的价值最大化。

首先，什么时候用猎头?

一定是在早期创始人已经“刷完脸”，团队的内推达到了一半以上，人才的吸引聚合已经到达瓶颈的时候。你发现再也找不到适合的人，而这时团队走到了融资前的一个节点上，必须借助第三方的力量。第三方包括智联、前程无忧还有 Boss 直聘这类平台，如果这些全都尝试过了，还是找不到适合的人，那就一定要和猎头合作。

初创公司有的项目紧急，用普通的渠道去招聘可能需要耗时几个月，但如果找到适合的猎头可能只需要两周。猎头迅速找来一个技术牛人，甚至带来一整个技术团队，这种现象在今天很常见。如果开发任务和市场节奏迫在眉睫，需要在短时间内找到有效解决问题的人，那么猎头服务也要及时纳入招聘渠道。

目前的猎头公司，包括高管招聘和中端招聘。不推荐初创企业选择国际高管招聘类的公司合作，因为大部分创业公司早期还不需要用到国际高管。中端招聘，涵盖诸如公关经理、高级工程师、总监、部门经理、HR 经理、市场推广经理等职位。

猎头看起来是一个招聘人才的工具，但是初创团队应该把用猎头的过程当成一次鲜活的品牌推广。为什么这么说？因为猎头是一个非常好的顾问，在跟你建立服务关系以后，他要承担的其实是一个战略伙伴的角色。他要理解你的产品，体会创始人和团队的风格和个性，了解用人部门的领导者今后跟这个候选人之间会有哪些化学反应，他还要理解这个创业团队今后的战略。这样他才能知道怎样通过很简短的 Cold Call 建立起这个职位和这个团队对候选人的吸引力。

所以，真正想用猎头的时候，不是随便拷贝网上一个职位描述给他们，然后签个合同，付 20% 的费率，告诉猎头你想要 BAT 的某个人，想挖谁。这样做显然很不用心。创始人、用人部门或者 HR 在提出要求前，首先应该思考几个问题：

团队需要 BAT 什么类型的人才？

自己的团队有什么优势吸引人才？

BAT 的人才是多元的，没有确切的要求或信息，猎头很难准确定位。

还有一个需要考虑的问题：BAT 的人跳槽，通常要求在原工资的基础上涨 30% ~ 50%，团队是否担负得起？

用猎头的时候，一定要把猎头当成团队内部的战略伙伴，要为他打通背后所有跟用人相关的通道，让猎头顾问跟每一个环节的人深度沟通。

跟猎头沟通，不是在浪费时间，HR 每次释放出去的信号，都是有用的。因为专业的猎头顾问会捕捉每一个信号，他希望通过这些提炼出能够吸引候选人的信息。要把猎头当成品牌代言人去沟通，把他每一次跟候选人的沟通当成对品牌的推广。

选择猎头顾问的时候，要选择那种足以代表 HR 与外界沟通的人。猎头顾问掌握了信息之后，和你慢慢磨合好的时候，就开始去寻访候选人。在这个阶段，仍然要继续跟猎头沟通，因为猎头找候选人的过程，需要不断“迭代”。有的团队 HR 收到猎头发来的候选人简历后，直接转发给用人部门，认为这事已完成，实际上这只是第一步。

作为企业内部的 HR，要对职位有深度理解，应该从简历上做初步判断和筛选，比如：

学历高低。

每一段工作经历持续的时间，他的工作职能、职位定位的发展阶梯是什么？

是不是频繁地在跳槽？

每一个阶段上升的空间有多大？

从中也能判断出他是不是很有学习能力。从他过往的经历去判断他的工作经验，以及跟目前招聘的职位、以后的发展空间是不是有契合度。

初步评估后，筛选出适合的简历转给用人部门，用人部门再按照他的业务方向去二次评估。但通常用人部门会犯一个毛病，他们会马上回复某个合适，其余都不合适。这个时候，HR 要做的事是关注不合适的那部分，不要直接和猎头说哪些不合适，然后话题结束，而是应该弄清楚为什么不合适，一定要追着用人部门去问。用人部门通常很忙，专注于他们的业务层面的事，所以 HR 要有大无畏、“不要脸”的精神，利用各种时间去问，一定要让他们说出不合适的理由。

这是为了招聘的迭代，下一次再看简历或者和猎头沟通的时候，把不合适的部分提前过滤，节约时间，提升效率。很多年轻的 HR 在这个阶段不敢去问为什么，他们会怀疑自己，提交了十个简历，就一个通过，太没有成就感了。其实重点是要知道不合适的原因是什么，如下次再提交简历，就能过滤出来更优秀的候选人。

每一次知道不合适的原因之后，就要更新一次职位描述，然后汇总，同步给猎头。猎头领会需求后，他也会不断地去提升招聘搜索的渠道与范围，这也是对猎头工作的尊重。

我听到过一些猎头抱怨创业团队不专业，发过去的简历，没有人反馈。有些 HR 一旦知道用人部门或者老板不喜欢猎头推荐的人选，便直接放弃了沟通。通常情况下，一个初创团队如果急着要招聘，一个职位会同时找四五家猎头，这样一来，HR 的工作沟通频次高，重复率也高，如果与猎头之间的沟通脱节，猎头就会慢慢疏离，而且整个招聘渠道对公司，甚至对 HR 的品牌、口碑反馈都会慢慢下滑。

其实我觉得猎头顾问的评估标准是业绩导向，成单率直接影响到个人收益。虽然以挣钱为目的，但是初创团队想用猎头的时候，要尊重他的价值，只有相互之间把这种服务与被服务的关系变成一种合作的形式，我们才能利用这种招聘模式为企业品牌带来最大的效益。

招蓝领的特殊渠道

线下餐饮类、消费类的企业在招聘方面的需求比较特殊，它们除了需要所有互联网企业都需要的技术、产品、运营、市场方面的人才外，还对蓝领职位有大量的需求。

比如伏牛堂、小恒水饺这种互联网餐饮类的企业，还有乐纯酸奶这类有线下门店的企业，或者在全国开辟了线下渠道的 O2O（Online To Offline，线上到线下）企业，还有在外地建工厂的企业等，这些企业都需要招聘大量的蓝领。

服务员、厨师、快递员、保安、生产线工人、客服，这些都属于蓝领职位。蓝领的招聘和中高端的互联网职位的招聘不一样。互联网创业公司的招聘，通常都需要通过各种渠道、试用各种工具，或者一个个电话拜访，或者反复地沟通，聊理念、愿景、文化、自身优势，以此吸引合适的候选人，赢得他们的青睐，实现招聘目的。但是蓝领的招聘，特点是短平快，因为属于中低端的密集型的劳动力，企业需求量大，人员的流动性强，所以招聘的重点是速度和效率，尽量降低时间成本和沟通成本。

招聘蓝领，不推荐使用一般的招聘渠道。现在国内的招聘市场更加细分。

比如猎头，专注中高端的稀缺人才，互联网行业一些需求量大的高频职位，如技术开发、运营等，猎头都会介入。

普通职位的招聘需求，有很多综合性的招聘平台可以满足。

特定行业或领域的人才招聘，则使用一些垂直的招聘工具或者从第三方渠道切入，比如蓝领，我们常常在地铁站看到的拿着二维码的地面推广人员、美发师、美容师、餐厅或其他门店的店员，等等，这些也都属于蓝领。

过去，传统招聘蓝领时，HR 或者用人部门派人去劳务市场现场招聘，或者直接找中介，大量地聚集符合条件的人。随着互联网的发展，出现了很多专门针对劳动密集型行业的新招聘工具，大大拓宽了招聘蓝领的渠道，提升了招聘的效率。企业内部的 HR 要学会跳出企业的思维，甚至跳出行业的思维，多关注外界的变化。新的互联网思维带来的新工具、产品、工作模式层出不穷，要学会利用。

比如有一个产品专门提供进城务工农民招聘的服务，利用平台对接工人和厂家，还在产品中叠加金融衍生品，相当于通过连接三方，开发蓝领市场。既给求职方和招聘方提供了渠道和信息，又让金融市场赚钱，同时还让进城务工农民通过金融产品获得收益。

其他还有很多专门的互联网招聘产品。我2016年初去日本Recruit集团，专门走访了随行的七八家团队，他们也都是做蓝领招聘的。有在长三角地区的，有在深圳的，有专门针对制造业的，有像小美科技这种专门做“美业”服务业招聘的。我们真格基金也投资了兼职宝这类针对一些兼职工、小时工提供服务的项目。

创业团队要学会使用这样的产品，帮助自身快速地以低成本、高效率招到合适的人。现在多数蓝领的招聘都是线上操作：手机App直接筛选简历，提交用工需求，然后直接通过App进行集中的面试邀约。在蓝领招聘中，很多繁琐的流程都可以免去。这一类职位培训上手很快，求职者对工作的连续需求度高，所以通过蓝领的招聘渠道，把他们汇集起来后，很快就能实现流转。无论是招聘方还是求职方，只要双方的基本需求能够对接，立刻就可以招进来开始工作。即使离职，招聘方可以迅速找到下一个人，求职者也能很快找到下一份工作。

随着移动互联网和网络不断普及，这些便利的互联网工具使招聘方式实现了从线下到线上的改变。这种改变的好处是，能够通过互联网拓展更多的C端用户资源，通过网络都可以连接到四五线城市的求职者资源，企业的用人需求能够得到很好的满足。从求职者角度看，他们能够通过手机、互联网直接接触到一线城市的工作机会，对自己的职业可能也是一次提升的机会。

除了互联网的工具外，小恒水饺有的做法也值得参考。他们在河北有一个工厂，负责生产，这家工厂招聘的工人基本都是当地的阿姨辈、奶奶辈的家庭妇女。为什么要招这些人呢？有两个优势：首先薪资的成本可以降下来；其次，这份工作相当于是给她们一个体现自我价值的机会，因为她们在家里是不受尊重的，让她们出来工作，其实是给她们提供了家庭封闭生活以外接触社会环境的机会，同时在经济上能获得回报，一举两得。这种做法很容易让她们带着感恩的心工作，团队管理上也相对更轻松。

招聘文案要金光闪闪，激动人心

现在，在日本、新加坡这些国家，招人很难，新加坡的服务行业里甚至流传着这样的段子：招人难到什么地步？把应聘者的手拿过来号脉，有跳动，OK，直接上班。有朋友说，他在新加坡吃饭，看到一个老太太走路都不怎么利索了，还在餐馆端盘子干活。

在中国，目前还是有人口红利的，还不至于到很艰难的程度，即便如此，人才本身也有好坏高下之分，谁都想招到更好的人才。再加上创业企业相对于大企业来说，在资金实力、上升渠道、工作环境等方面存在短板，所以更应该多花心思去提升招聘的竞争力，扬长避短，以吸引更好、更契合的人才。

其中关键就是做好招聘文案。好的招聘文案就是广告，传播的效果相当于一次有效的品牌营销。有的求职者因为被招聘文案中的某个亮点或者炫酷的页面设计所吸引，当场就决定跳槽。可见，文案写得好，可以带来立竿见影的效果。

很多时候，我们见到的招聘文案都是这样写的：

在这里你将会得到什么？持续的成长环境和空间，持续提升个人素质和技能，持续展现自我和人生的梦想……

这些话都有固定套路，一百家企业有九十九家这么写，根本无法打动人心。

招聘文案的目的是聚人，聚人之后是挑人，只有把文案写得足够打动人心，在各种平台的曝光量足够大，才能够吸引更多的人才。

在一次分享会上，有人提及一个案例：在一家韩国料理店，他曾经特意问员工到这里工作的原因，其中一个女孩子反馈，她是被招聘广告里面的韩服吸引了。这家店的韩服很漂亮，而且招聘文案中提到可以在店里学习韩语，于是就来了。

我们可能想象不到，吸引他们去关注这家店，愿意去这家店工作的原因居然是如此微不足道的细节。所以说，招聘文案不一定要做得高大上，而是应该尽量展现企业的特色，哪怕是小细节都可以成为文案的亮点。团队里有趣的人或事，或者创始人的背景，创业早期的小故事都可以写出来。这些独特的细节足以让你的文案脱颖而出，吸引到更多求职者。

现在的招聘文案，不仅仅局限于文字版，微信端传播的H5（指第5代HTML，也指用H5语言制作的一切数字产品）招聘文案也越来越多，因此视觉、设计同样重要。一份视觉设计、声音效果都很精彩的H5招聘文案，当然比一篇普通的文字招聘广告更引人注目，更能激发人们传播和应聘的欲望。

H5招聘文案的风格要根据不同的行业特性进行设计。

生产智能硬件的企业，可以做得炫酷，甚至还可以直接配一些动态的产品模型，让人直观地感受到这家企业的技术实力。

电商类企业要从平台的角度、市场定位的角度展现出广阔的空间和前景，可以通过文字描述、色彩、交互等表现形式呈现。

另外，招聘文案要体现整个企业文化的基因，比如一个特别年轻化的团队，企业文化强调创意、开放，招聘文案不能写得太刻板，而要体现年轻人喜欢的风格，自嘲、自黑、调侃、挑衅等。如果是一家极客风格的公司，针对的是技术人才，那就一定要体现出极客精神、不同凡响的技术范儿。

所以，做这一类文案，不要只交给HR去闭门造车，最好让企业的所有产品设计人员深度参与，文案可以由 HR 实现，但是产品设计一定不能脱离整个团队的基因。

总的来说，H5 招聘文案制作比较简单，又便于传播，还能够让人直接被激起在线提交简历的热情。在线提交简历可能是今后的一个趋势，很多人可能在看到招聘文案时激起强烈的兴趣，于是在最激动人心、最冲动的这一刻提交简历。招聘方要在文案的后台设置专人及时跟进，确保第一时间联系到提交简历的人，这样他的热情能尽快地被激活，持续更长时间。

此外，招聘文案要配合产品不同的发展阶段进行制作。比如，某一天我们的一家被投公司要召开新品的发布会，于是我提前与 HR 沟通，提醒她赶紧制作新的招聘文案。

当天的发布会之后，PR 一定会发布软文或通稿，这种事件传播节点带来的影响力，会重新引起很多之前对这家公司有想法、一直在关注的候选人的注意。HR 一方面主动跟踪这些候选人；另一方面，及时推出新的招聘文案。

文案写什么呢？诸如我们今天发布了什么新品，新品的特性是什么，在市场上有多大的影响力，这种影响力让我们又增加了新的职位需求，你愿不愿意来尝试，等等。

这种快速配合市场新品的招聘文案也是 HR 的工作之一，单独发布的招聘文案不如配合整个市场发展和产品发布节点的文案更有效。

一家企业刚获得新一轮投资，之前 HR 一直和几位候选人保持联系，但是对方要么直接拒绝，要么口头答应实际上没有行动，招聘基本上处于停滞状态。融资后，他开始发布新的招聘，结果这些候选人主动联系 HR，有意谈下一步。

除了抓住时间和事件传播的节点，放大招聘的诱惑力外，还有一些方法可以让招聘文案更有吸引力。比如，把招聘文案写得不像招聘文案。

一般的招聘文案，都会有几个固定的板块，如职位描述、薪资、职位要求等，在这些之外，还有公司介绍、创始人故事、团队优势等，这些都是招聘文案中的“家常菜”。但是，也有一些招聘文案不走寻常模式，比如某 P2P（Peer-to-Peer，个人对个人）网站曾经做过一则 H5 招聘文案，文案标题是“当北漂们都离开了北京……”，用图文的形式，指向北漂一族的内心状态：

你是否已忘了你为什么来？不知该往哪去？当初的誓言还记得吗？留下吧！也许希望就在你的指尖。

同时，在最后一个界面设置“留下”的按键，点击后能链接到招聘界面。这则招聘广告的转发量很高，引起众多北漂的共鸣。

招聘文案要写得不像招聘文案，可以动之以情，不一定要提及招聘，或者也可以从头到尾都谈招聘。比如亿航无人机的一篇招聘文案，实际上是写成了软文公关稿的形式，从头到尾只字不提招聘，只是描述他们吸引了多少行业内的高端人才加入团队。结果文章传播出去，很多人转发，还有人来问我，他们到底用了什么样的方法把这些人聚合起来，还有其他职位可以加入吗。虽然他们的文案没有一句话是在讲招聘，但是在放大影响力后，潜在的候选人一定会很主动地去应聘职位。

相亲式面试

如何实现跨部门配合

针对招聘工作，初创企业几个部门之间的磨合程度，通常会分为三个层面：

首先是HR。接到招聘任务后，从简历搜索渠道开始，挖掘候选人。

第二是部门负责人。作为用人需求方，通常把需求写得非常完美，即一定要最好的、最适合的、最便宜的还要最能干的候选人，但是我们会发现，这样的候选人画像在地球上极少存在。这就需要 HR 通过梳理业务后，把用人需求量化到岗位描述上——这是个技术活。

第三层面是管理层，即创业团队的 CEO 或联合创始人。

三个层面如何高效配合？

我们可以复盘招聘的流程。一开始，CEO 对业务部门提出目标，用人部门再提出人员需求和职位描述，HR 负责找到与职位描述匹配的候选人。职位描述是不是准确至关重要。通常业务部门的负责人既是管理人、业务主导，又是业务执行者，比如技术总监往往要写代码，每天有繁重的工作，所以可能不会把职位文案描述得很精细，他有可能会到公开渠道复制一份直接转给 HR。这就需要 HR 在开始搜索前，主动到业务部门访谈，挖掘到文字之外的特殊需求。假设，团队正在研发一款社交类产品，更看重前端工程师对产品的兴趣度，那么如何判断兴趣度？HR 在筛选简历时可以重点关注是否开发过同类产品，或者对标市场上已有的产品，以此作为关键词进行搜索。

用人部门可能会要求候选人有三年以上开发经验，这意味着这些问题：他们从事过什么类型的开发？或者是不是曾有过带团队的经验？甚至过往技术开发的学习来自哪里？有的人可能是自学，有的通过速成培训班习得能力，这两种通常技术能力比较粗糙，基础不扎实。也有的人是前端技术，但是从后端自学转型的，这种综合能力可能很强，对今后整个技术团队的延伸发展会有帮助。

此时，HR 需要业务部门提供进一步的信息。比如说招聘前端工程师，还需要对方具备其他哪些写代码的能力，HR 可以把这些信息作为联合搜索的关键词。

另外，还有一些隐性需求 HR 未必能通过职位描述看出来。比如，技术总监不想招聘女生，或者有年龄限制——技术开发人员的黄金年龄段比较短，他们在黄金年龄段通常技术成熟、经验丰富、精力充沛，一旦过了这个时间段，学习能力会下降，对新型的开发产业和开发行业可能就不擅长了，自我驱动力弱，但用人部门不会把这些需求写成文字。HR 和用人部门沟通时，必须挖出这些真正的需求。

我拜访过这样一家公司：他们有很强的工程师文化，从老板到整个技术团队男性比例大，气氛闷。我试问过他们是否有意向在 QA、运营或项目协调岗位上招入女性员工，一来可以调节团队气氛，二来在项目开发过程中让沟通环节更轻松顺畅，结果他们说，如果有妹子，谁会招男生？

这就是典型的潜在需求，需要HR深度挖掘。当你触动他的想法时，他才会表达出来，尤其是技术岗位的职位描述，必须和项目迭代同步。两次描述迭代之间往往要两三天，加上项目开发进度、变更节奏快，如果HR信息更新不及时，很可能做的都是无用功，所以HR需要将这些不成功的案例尽快调整到最新的方向上，快速找到已经挑选好的候选人，让他们尽可能快地进入面试流程。相对优秀的候选人并不缺机会，这就意味着能够在适合的时间邀约到候选人已经不容易，这就需要尽可能地要求内部面试官配合，我们越是配合，越占据主动。

在候选人面试过程中，首先要求我们的面试官要准时，第二他对产品、项目还有团队的描述要准确，对岗位的需求相对公正，有准确的测试方式。业务面试结束，在候选人离开我们的视线前，要由HR跟用人部门之间做一个快速的沟通，商讨对候选人是否继续推进达成共识。

一旦可以达成共识，HR要争取让创始人进行一个描述企业战略的简单会晤，这对很多候选人来说尤其重要。首先，他并不熟悉团队品牌，见到创始人或者联合创始人后，才会从一个模糊的状态变得有线条感，此刻再由创始人为他梳理出公司战略和未来发展的清晰脉络，增加候选人对团队的信任度。在短时间内实现了从 HR 对企业的简单描述，到用人部门对他的专业能力判断，再上升到公司战略评估。一旦发现候选人都有足够的意向，而且我们都希望能够向他伸出橄榄枝时，需要快速决断，一站式解决问题。如果三方评判都认为候选人优秀，同样的市场上也会有大批量的优秀 offer（录取通知）涌向他，我们延迟决策也就加大了下次邀约的风险。所以早期团队的面试，要尽可能简化流程，用专业的人作为面试官的判断方，既能快速吸引候选人，也能短时间内做出决断。

面试产品、市场人员

产品人员

在技术研发的团队里，产品是灵魂，大部分的技术样都是源于产品早期的调研设计。但在技术为主的团队里面，技术人员与产品经理是天敌。

技术人员沉迷于自己的技术开发的小世界，他们认为产品经理不懂技术，一拍脑门给出各种开发导向，在技术上根本没法实现。其实，正因为产品经理不懂技术，更接近真正的用户层面，当他们把用户需求转化到需要技术实现的角度时，可能不会从技术立场判断到底需要一行代码还是一千行代码才能实现。

如今，很多团队招募产品人员时，更希望他们是从技术层面转型成为产品人员的，这样既懂产品，又懂技术开发。从技术开发到设计产品，他们更容易估计技术开发的成本，但是正因为懂技术，也可能被技术所局限。

所以，产品人员承担的是跨部门的工作，需要有管理和协调的能力。如果只站在产品立场，没法说服技术人员实现需求，他的技术理念就容易被束之高阁，看着玄妙，无法落地。真正的产品人员要实现用户驱动，他设计出的产品不是为了技术，也不是为了老板，而是为了用户。如此他才能有规划性思维，通过产品管理技术。这是非常具有挑战性的工作，这种挑战性会放大自己的优点和缺点。以前，我们创业开发社交产品，新招来一位产品经理，他把微信的产品原型图复制出来作为我们的产品原型图。如果照着这个图设计，公司就是又做了一款微信，意义何在？这样的产品经理，只是复制成功案例，并没有创造力，他也不在乎自己的产品。

招聘产品经理，需要创始人主动参与面试。创业早期的团队通常是由创始人或者联合创始人承担产品经理的职能，他们最清楚基础信息：产品的最终图像、用户是谁等。有的创始人可能不具备设计能力或者不具备技术开发能力，这就需要专业人员主导实现。当他亲自面试产品经理时，可以把比较虚的框架描述出来，专业的产品经理会将产品思维量化成产品画像，这才是一个合格的产品经理。

市场人员

市场人员需要实现产品描述出来的品牌形象，这是他们的终极目标。所以，他们更要具备的是创造力。

但初创团队对市场定位比较模糊，产品还处在研发阶段，甚至没有清晰的用户画像。企业产品在市场上的定位和品牌形象，更无从谈起。真格的市场团队有一份详细的市场问卷，用来考察早期创业团队，比如作为创始人，想把未来的产品定位成什么样的形象，等等。

他们开会的时候经常会问：真格基金如果变成一个拟人化的形象，应该是谁？

“海龟”吗？我们团队的实习生年轻，有活力，文化底蕴深，具备海外留学经历。

或者是职场经理？形象上即专业职场经理人，具备多年的工作经历，成熟稳重。

或者是导师？如徐小平老师、王强老师的辅导形象。徐老师更有娱乐感，给人带来欢乐，王老师则是传道授业解惑。

当我们把一家企业真正量化成一个人的形象时，你会发现原来有这么多代言人，这么多个性。那么，真正想打造真格品牌时，我们想让它变成什么？有的人会说，目标形象是 Anna（团队 CEO），因为她知性温和，甘心当创业者的垫脚石，让他们得到更多的帮助。或者说，真格内部员工的目标就是成为 Anna 式的人物。因为 Anna 一直在尽力营造一种大家庭的氛围，让每个人都能得到关爱。到这里，其实用户画像已经比较清晰了。

当团队中出现这么一个形象时，你就知道他身上具备的特质就是今后团队要在市场上塑造的品牌形象，然后会慢慢地清楚：我们是谁？为谁服务？通过什么产品来实现服务？服务的宗旨是什么？……

早期团队一般较少招聘市场人员。进入得太早，市场人员并没有施展空间——市场部门是“花钱衙门”，公司资金没有一定存量时，不太可能做推广活动。当产品面世，或者开始产生一定的影响力时，才需要市场人员进入，这也意味着团队已经到了A轮、B轮以后的阶段。

在这个阶段，HR要选择的市场人员有以下几个标准：

首先，是不是从事过同行业相关品牌建设，是否能分享出案例的运作方向、模式、效果。市场人员分享的时候，HR要尽可能抓住每一个细节，这些才是真正能够代表他们在项目里的参与度的。很多人都会说：我负责过项目的推广，当时活动达到几千万用户，或者因为这个活动，产品销量显著提升。其实，每一个活动都是一个全案，从了解产品、策划项目、写文案到最后实施、跟踪转化率，每一个环节都需要专人负责，那么候选人真正参与的是哪个环节？他具体做什么？如果只是负责框架性安排，或者只是一个负责人，就不太可能具体做事。如果请他进入团队，则更适合带队伍；如果需要候选人执行过落地方案，还得慎重考察对方在过往经历中对细节的把控、执行和落实结果。如果参与度不够，只是把别人的方案移植表功，最好慎用。

营造轻松氛围，找共鸣

面试是招聘很重要的一环，尤其是对创业团队来说。收获人才最普遍的途径就是一次又一次的面试。

作为创业团队的创始人，有一半的时间都在招人，这是很正常的现象。而且这一半的时间，绝大部分都应该花在面试上。不要简单发封邮件，使用千篇一律的招聘文字甄选人才，最好能够和每一位候选人当面聊。职位介绍、团队价值观、企业愿景等，这些都应该当面聊，而不应该只写在招聘广告里。即使再忙碌，至少也应该挤出面试候选人的时间。

就创业团队而言，技术合伙人通常是招人时重要的把关者。如果团队已经招了可靠的HR，那么，可以让技术合伙人先进行面谈，然后和HR进行沟通，让HR在接下来的面试流程中继续跟进候选人。HR对每一个面试都要及时跟进，给出反馈，要在中意的候选人犹豫时，主动跟进电话，亲自拜访或约谈。

如果初创团队还没有招到HR，那就要避免走太多流程，最好进行一站式面试或者当面签offer，防止候选人在面试之后反悔，导致

offer 流产。

面试的目的，是在短时间内对候选人有尽可能多的了解，想办法让对方展现其最大的优势和能力，同时也认同你和你的创业团队的优势与魅力。和正式的面试有所不同，初创团队的面试通常是以轻松的面谈形式来进行。因为比起那种充满压力的面试现场，轻松的氛围更容易让人表现出真实的自己。

在面试过程中唠家常、找共鸣，是很好的放松气氛的方法，同时也是让人表现出真实一面的契机。

唠家常，比如可以和候选人聊一些生活上的话题，尽可能了解候选人与父母、配偶、子女、朋友的关系。从这些话题中，可以看出候选人的性格。而且，从他聊起这些话题的反应中，也可以看出他面对团队、面对困境的态度。

找共鸣，可以针对简历问一些感兴趣的点，再问一些基础性的问题，然后不断细化，不断深挖。同时，多提一些能够让对方描述场景的问题，多问一些开放性的问题，比如在谷歌公司，面试官经常提出，让候选人对自己以前犯下的错误进行剖析。这是开放性问题，从这一类问题中，面试官能够观察候选人如何从错误中总结经验，如何从中得到成长。

当然，即使问的是开放性的问题，也不代表一定能够问到候选人真正的过人之处。所以问完之后，还可以把问题抛给候选人，问对方：

“除了以上这些，你还有哪些优势是我没有问到的？”

值得注意的是，招人不是为了找到和自己一模一样的人，创业团队需要的是有共同价值观，在能力上可以互补的人才。如果每个人都和创始人一样的性格，一样的血型、星座，那就不必建立团队了。因此，所谓的寻找共鸣，并非寻找共同点，而是找到那个在团队整体定位上缺失的部分。

有时候可能会遇到一些你私底下并不喜欢的性格类型的候选人，这时就需要排除私人感情，从团队的角度出发，尽量多招个性不一样的人，因为不一样的个性才能够为团队带来更多创造力。

在很多初创团队，HR 做的是初步筛选候选人的工作。HR 不仅要做好简历筛选，了解候选人背景的工作，如果可以的话，最好能够亲自面试一次，了解候选人的个性、状态、感觉，以此判断对方是否和团队的业务部门合拍。

HR 面试完后，再转入业务部门去面试。业务部门接触到的，都是 HR 筛选出来的能够融入团队状态的候选人，此时他们要做的事就是从专业角度去判断候选人的能力和潜力。

第三次面试，一定要让创始人来做。创始人面对这个经过 HR 筛选和业务部门考核的候选人，要看自己是不是发自内心地认可，同时判断对方究竟是不是适合团队的人。

问题是，在实际招人过程中，很多人都不知道自己需要找什么样的人。这个时候，建议使用排除法。假如不能够确定候选人是不是自己要找的人，那么至少可以判断出对方是不是自己不要找的人。

比如判断候选人的性格类型是捣乱型，团队可能需要活泼型、安静型、创造型、挑事型的人，但绝不需要捣乱型的人，所以很快就能确定这个候选人不是你要找的人。

如果有好几个候选人都不错，让你举棋不定该选谁，那么，不妨遵循一个原则：选择思维最清晰缜密的那个人。怎么判断呢？

首先是面试时的表达能力，能不能把一件事情说得很清楚、很明白，这关乎日后工作中的团队合作、沟通成本等问题。

其次，看候选人的写作能力，现在大多数人都会写微博、朋友圈，或者开设自媒体，这些文字都能够反映出候选人的思维能力和情商。

征服“攻城狮”

“技术猿”“攻城狮”，给人的印象都比较闷，不太爱表达，喜欢沉浸在自己的代码世界里，最大的成就感来源于自己能够写出特别好的代码，然后通过这些漂亮的代码实现产品功能。

招聘技术人才，是一门“技术活”。

首要“技术”是沟通。HR很多时候无法和技术人才达成良好沟通，原因在于HR不懂技术，即使懂一些基本的概念，也很难了解技术里的门道，而很多技术人才通常只对技术感兴趣。HR 要想弄清楚对方的技术水平，就需要依赖技术团队的人去验证。HR 可以做第一轮面试，找到那些和团队基因契合度较高的“攻城狮”，然后下一轮就可以让技术团队里有沟通能力、善于表达的人来面试。

如果 HR 找来一个同样不善言辞的技术人员，那就很可能促成一场失败的面试——两个人都不知道该如何表达，一个不知道怎样挖掘对方，另一个也不太知道怎么展示自己。

我以前合作过的 CTO 在这方面就非常棒。他的技术能力很好，沟通能力也很强，很会挖掘。比如在面试中他会问：“你做过什么项目？”然后再问：“这个项目里哪些东西是你负责的？你做了哪些工作对整个技术环境有所提升？你觉得过往的经验里面，哪些是你需要继续努力，今后要继续学习的？”

深入细致地挖掘，首要的目的是想判断候选人在这个项目里面真正的参与度是多少。其次，也是为了了解候选人在技术方面专注的程度。如果 CTO 的表达能力非常厉害的话，在面试过程中他会给候选人一些提示，让对方知道今后能够跟他一起学习和互相交流的途径。

面试以后，我通常会继续跟进，问这些候选人“觉得怎么样”，很多人都会说你们 CTO 太牛了，特别希望能跟他一起去学习、去探讨很多技术层面的东西；也有人觉得 CTO 非常好，能够在技术领域里给他们很开放的发展空间。从这些反馈中可以看出来，这位 CTO

的面试能力很不错。

HR 在面试“攻城狮”之后，第二次面试也要配合技术团队的人一起出席。否则，如果遇到那种不太靠谱的 CTO，在面试过程中不好好沟通，反而居高临下地出测试题考验候选人，这种情况会导致候选人面试完，很有可能不愿意让 HR 继续跟进。

所以，HR 最好能够先跟 CTO 培养出默契，将双方各自擅长沟通的领域穿插融合，在面试的前期和中期，将技术候选人从情商到智商，从工作能力到参与度，从经验到经历，以及技术能力相关的所有信息，全都摸查清楚。

比如，HR 在面试的时候，会问候选人加入这个团队的动机是什么。如果对方的回答是想得到更好的技术领域发展的机会，那 HR 就要在 CTO 面试候选人之前，及时地将这个信息传递给 CTO。这样一来，CTO 去和候选人沟通的时候，就知道要侧重攻破这一点，许诺未来的职业上升空间和个人能力发挥的空间，从而精准地击中候选人的需求。

假如候选人的回答是为了更多的薪资回报，那 CTO 在面试的时候，就不用谈理想，而是可以侧重谈一谈薪金增长的空间，因为这才是能够吸引候选人的点。

在面试的时候，面对技术人才，一定要轻松，这样才能让他们放松下来，平等交流。如果很难判断对方的专业技术水平，那就要通过一些其他条件来判断。比如，有一些经验能够给技术人才加分：

一、行业经验。

比方说，同样是写代码，做过社区产品的设计，或者做过UGC（User Generated Content，用户原创内容）体系的设计，或者做过电商系统的设计，这些经验都是完全不同的。招技术人才时，应该问清楚候选人具体的行业经验。

二、管理经验。

创业公司如果能够拥有一个既懂技术，又善于沟通和管理的人才，是一件非常好的事。因为创业公司需要有人去推进产品，有管理经验的技术员可以承担这一重任。

那么，优秀的“攻城狮”都有什么样的特点呢？

首先，他们都是技术大牛，这是基本的。

其次，他们知道怎样让复杂的问题简单化。现在很多创业团队的CEO管不了自己的技术团队，原因就在于隔行如隔山，技术团队的人解释技术问题艰深晦涩，假如他们以此为理由向CEO要经费、要人才，CEO也不好随便评估。如果能有一个“攻城狮”站出来说问题很简单，接着把问题解释清楚，这样的人才一定是团队的财富。

再次，优秀的人才都很聪明。这种聪明不是耍小聪明，而是你和他说话时，对话很顺畅，沟通没有障碍，表达也很自然，有逻辑。

创业团队怎样吸引优秀的“攻城狮”呢？通常有这么几个要点：

第一是能够发挥专业技术。

第二是他能从这份工作中学到东西。

第三是能够和很牛的人一起共事。

第四是业务、产品、企业未来有发展的前途。

在面试的过程中，要有意识地用这些条件去吸引他们。

凭什么吸引 BAT 的大牛们

在初创团队工作和在 BAT 工作最大的不同在于：在 BAT 这种成熟团队里面，每个人都各司其职，每一个工作环节都有严格的流程，每一个职位都有严格的界定。做管理的人，不用事必躬亲。而在初创团队，即使是当技术总监，每天的工作也要从写代码开始。与此同时，还要对接产品经理，因为产品规划决定了技术团队的方向。对接之后，身为技术总监还需要评估是否能够实施。有时候，创始人想做大而全的产品，希望功能特别多，但是产品和技术却需要做减法，所以技术总监还得对此进行判断、沟通、磨合、碰撞，因此技术、情商必须兼备才能够胜任。

无论是从薪金、环境，还是从职业风险和职业前途的角度来讲，初创团队都无法和 BAT 比肩。但是，各类创业团队从 BAT 挖人，在互联网行业却是常事。那么，创业团队拿什么去吸引在 BAT 工作的大牛们呢?

首先，尽量选择那些相对资深，体力尚存，有 3 ～ 5 年 BAT 工作经验，发展空间遇上瓶颈的人。

其次，换一种吸引方式。

对待 BAT 大牛不能像对待一般的候选人那样围绕理想画饼，或者围绕现实问题提解决方案、列举条件，而应该从大牛们的自身困境出发，恳切说服。

比如可以这么说：BAT 的大牛们，如果继续留在原有职位上，一年后能够升到什么级别？两年、三年之后呢？主管还是其他？收入会增长多少？工作方式有什么改变？在团队里面的定位是什么？这一切都有轨迹可循。在 BAT 里面，他们或许能够把工作做得又深，又透，又扎实，但是广度不够。

为什么来创业团队呢？和 BAT 有迹可循的职位和薪资增长轨道不同，创业团队是零——刚开始的时候什么也没有，什么也不是。但是，试想，原来在团队里，当你想要实现一个计划或者创新某个产品时，需要一个部门一个部门去申请、报批、等待，有时候等到激情都消磨殆尽，批准的手续还没有下来。创业团队不是这样，创业团队让你第一时间就能够和联合创始人一起，将所有的想法付诸实践，或者至少可以做到不断去磨合和碰撞。

或许刚开始并没有特别好的候选人和你一起去打磨，但是没关系，创业团队能够提供非常好的平台，让你不停地实践你的想法，一方面是试错，另一方面也是鼓励你发挥自己的潜力去实践现实中看起来不可能的事。

这样的说服，很容易打动那些内心早有创业想法的人，让他们不忍心放弃这样的机会。如果能够在初创团队里遇到一个特别懂他，能够给他空间，让他在初创阶段尽情地去磨合、碰撞的创始人，他会很感恩，甚至很激动，感恩于知遇之情。

假如这个初创团队有一个技术大拿作为合伙人，BAT 的大牛们会更愿意加入。过去大牛们在 BAT 工作的时候，仅以职位和技术水平来论，他们可能根本无法与这样的技术大拿比肩，甚至连话都说不上一句。现在来初创团队，一下子就有了能够每天相处在一起取经学习、一起创业的机会，这种机会对于他们来说，是很大的诱惑。因为他们能够在这样的环境里，一点点提升自己的能力和技术，进而挖掘出自身更多的潜力。

不仅仅是技术部门，初创团队想从 BAT 的运营、产品、HR 部门挖人也是一样。面对那些想要实现内心想法，想要做出一番事业的 BAT 大牛，只要初创团队能够给予他们施展的空间，他们就很容易心动。空间、自由、理想、未来，这也是初创团队对 BAT 大牛们最大的吸引力。

背景调查是个过滤器

背景调查在用人方面特别重要。作为用人方，招聘期间应该对候选人的信息背景、真实性尽可能把关，为今后有一个健康的用人环境做准备。

我接触过一个叫“较真”的背景调查团队，他们举了一个具体事例。此前有一家公司请他们对一位应聘者进行背景调查，该应聘者声称他在美国一家排名前十的大学里研修了三年 EMBA，公司觉得应聘者的学习背景很好，工作经历丰富，公司聘用该应聘者的意向很大，然而经过背景调查发现，应聘者确实曾经在那个学校上过学，但是进的只是一个临时托管班。

现在简历造假超过 40%，有些人将自己的优点放大了，有些人造假的水分几乎淹没了真实的情况，还有一些人可能会模糊自己的工作定位。比如，有的候选人可能在 BAT 只做过运营，而且这个职位可能和产品并没有关联，但是他在简历上可能写“BAT 产品总监”；还有候选人说自己参与过某重大项目，这个项目刚好和他面试的职位有很强的关联度，但实际上他可能只参与了一个很小的环节，没有带过团队，也谈不上相关的经验和能力。人的本性一定倾向于正面描述自己，把自己说得更优秀、更好，怎么对此进行分析判断呢？

用人不疑，疑人不用。对于初创团队来说，在招人、面试的过程中，对候选人做背景调查，得到对方的真实信息，有助于减少招聘成本和用人成本。很多创业团队的合伙人都是创始人的同学或同乡，这正是出于“疑人不用”的考虑，因为创始人对他们知根知底。但如果没有能够一起创业的同学或同乡，那就只能通过背景调查防患于未然。

有的创业团队在面试的时候，通常会让候选人提供一些联系方式以便于调查。从候选人的角度来讲，他提供的一定是他在团队里关系不错的人，或者是HR部门里不会说他坏话的人，甚至有些人可能会找亲戚、朋友冒充他原来的上级，你去打电话背景调查的时候，如何验证对方身份的真实性?

在国外，作为背景调查的信息提供方，有很强的自我约束能力，因为国外有相关法律约束，受访人要为其提供的信息承担法律责任，而国内却缺乏这一类约束，受访者提供的信息往往真实度堪忧。

所以，如果牵涉到重要职位，依托第三方渠道去做背景调查，是一个更好的选择。比如前面提到的“较真”背景调查团队，他们作为第三方，能够通过多种方式对候选人的背景进行验证：使用他们的系统，输入身份证号或名字，就能够查询到个人注册信息以及金融记录等。

此前有一家公司招CTO，面试的时候，有一位候选人很不错，于是招进来，谁知两周后这个CTO忽然消失了，同时消失的还有公司的数据。后来做背景调查才知道，这个人是他们的竞争对手公司的CEO。试想，如果能够在面试的时候就查询到他的注册信息，那就免去了后面的一系列麻烦。

通过第三方，用人方还可以对候选人此前所在团队的创始人、HR 部门，或者跟候选人有实际工作关联、能够提供候选人工作记录的人进行调查取证。其中包含这样一些调查维度：

你跟他在一起工作的时候，他的工作表现是什么样的？

他参与了什么项目，参与度如何？

他在公司的贡献是什么？

他犯过的错误是什么？

你跟他一起工作，你觉得他身上最大的优点跟缺点是什么？

他离职的时候团队跟他之间是不是有纠纷？

……

这样的“旁证”方式，能够大大提高背景调查信息的准确性，而多维度的验证，也能够立体地呈现出候选人的全貌。

我曾经听说过这样的案例，有人在劳资纠纷中尝到了甜头，于是在面试的时候会表现得特别好，入职之后又故意表现不好，等到团队的 HR 说要辞退他，他就开始索要赔偿。如果团队有去做背景调查，有依托第三方的渠道从各个维度去验证候选人的背景，那就肯定不会雇用这样的人。

第三方的背景调查价格，平均在几百元左右，比起雇错一个人付出的时间成本和赔偿金数额，这已经是很便宜的成本。越是早期的团队，招核心成员的时候，越是建议去用第三方做背景调查。假如有人一听说做背景调查就不干了，那肯定是有问题的，这样的人不招也罢。假如你发现有些人在信用调查方面有污点，比如信贷有欠款，那至少不能将这个人放在市场或销售的职位上。

除了像“较真”这种第三方渠道之外，背景调查的途径还有很多。如今，已有一些互联网工具从产品的功能上入手，可以通过使用工具去抓取平台上所有的简历信息。一般来讲，一个人可能有好几份不同侧重点的简历，在这家网站搜索某某名字，简历信息自动被抓取、分析、去重，然后展示在平台上。

也就是说，如果一个人简历造假，立刻就能够通过这种抓取和分析，被人看出端倪来。从候选人角度来说，他们或许认为，多个版本的简历是为了对应不同的企业，突出自己的优势，这种做法是对的，但是简历一定不能浮夸，否则，用人方一旦通过这种方式去查，很容易对候选人的诚信度和靠谱程度抱有怀疑。

在招聘领域，垂直的工具越来越多，比如关于学历的真实性，现在也有专门的工具进行验证。就 HR 这个圈子来讲，我们在真格系内部也能够建立一个验证机制，即将 400 家被投公司聚合起来，只要是离职的人，我们都会通过相互的调查验证，给这个人贴上一个标签，比如“诚信”“认真”等。某些风评不好的人，就把他们放进黑名单。这样的话，被投公司都能够通过这个体系直接验证候选人是不是自己想要的人才。

这样的人才验证体系是未来招聘领域的趋势，我们目前只在真格内部做这个体系，未来会扩展到所有的投资机构，甚至整个招聘渠道，让候选人和企业双方都能够用诚信的态度去对待招聘和应聘。

背景调查还有一种非正式方式，有的职场社交平台产品可以实现这个功能。用户登录之后，输入学校、公司等基本信息，后台数据就会自动抓取用户曾经的同学、同事以及好友关系，形成一个人脉关系网，通过这一类社交平台上强大的关系网，用人方可以根据候选人提供的简历信息，直接调查候选人曾经的同事、同学，以及其他相关的人脉关系，从中了解到很多信息。目前这种社交平台上的用户主要集中在金领、白领以及海归，但是今后也会慢慢被其他招聘领域或者招聘工具引用。

PART 3

从心用人

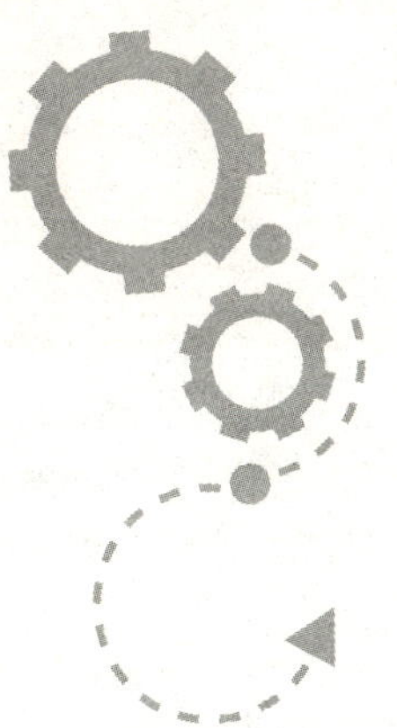

新员工培训

 快速地融入团队，避免“一日游”

用人在创业团队里面是日常最容易被忽略的，创始人一般都会去关注招聘，关注怎么才能招到人，然后好不容易招到了，将人谈了下来。可是等这个人真到了团队里，我们会发现老板并未对进来的人给予关注，而是仍聚焦在招人上。实际上进来的人，会慢慢变成在管理里面被忽视的一个群体。

那么，新人第一次接触团队，怎么能让他在一个完全生疏的环境里快速地融合进来？

从 HR 层面，要给他把前期从招聘过程中介绍过的信息有机地转化到现实中。

比如，跟他说老板有特别好的学历背景，特别强的过往的互联网创业经验，但是现在的团队研发处于什么阶段，短期、中期、远期的目标都是什么。这些其实都有点虚，但新人往往愿意接受这种信息。他会一边听，一边结合市场上能接触到的信息进行分析，这是一个前期验证的过程。但入职后怎么落地呢？

有的人一入职，人事部签完合同马上就直接丢到工位上去，然后在所谓的 HR 或者公司的群里通知一下：今天技术部工程师某某某人职，他的工作汇报对象是某某，今天开始跟大家一起工作，大家欢迎。

于是就会看到全公司的人都在群里鼓掌，但实际上鼓掌对这个员工是一个虚拟的仪式，在职的人可能只是发现新来了一个面孔，知道他是谁。

但对于新人来说，所有人都是生疏的。把他丢到工位上去，直接导致的结果就是，他的上级在已经非常忙的情况下，会拿出很简短的时间跟他说，我希望你今天完成这些工作，可是对这些工作具体怎么完成，跟谁去配合，工作标准是什么，考核成功与否的机制都特别简单地一带而过。

剩下的，就是这个新人面对一台新电脑，前后左右全是陌生的同事。在这种状况下，他不可能快速融入团队。

这种情况在大多数创业团队里都存在，因为其他人都是比新人资历老的员工，都比新人忙。每个人都有各自的工作任务，谁也没有义务在自己的工作任务外再增加一部分时间去打招呼、做介绍。如果HR没有事先安排，就不会有人做。在老员工看来，尽可能用自己有限的时间完成本职工作，这才是第一优先级。

有一家企业，创立之初比较艰苦，办公区设在一个居民楼里，空间拥挤窄小。HR经常会有这样的反馈："招聘的候选人约好了，我们等半天没见人来，其实人家来了。候选人说：'我到楼下，看见你们这个办公环境后，决定不来了。'还有好几个来没两天就跑了。"

这是很多创业团队都常遇到的问题，源于候选人对于公司发展的风险担忧。

办公环境对于 HR 来说，实际上是一个潜在的影响因素。工作环境、工作待遇、工作福利、工作强度，可能都需要我们在沟通过程中，跟候选人有一个很清晰的期望定位。

为什么有的团队的人，来了以后就一日游？一日游的情况很简单，就是面试的承诺、期待与真正进到办公室的第一天工作所感受到的环境、待遇不一样。在心理落差特别大的情况下，他就会认为：我得马上走，这个团队不靠谱。当然，他可能同时会拿几个 offer，从这边离开，你多半再也不能激活他了。

针对这种情况，我给他们的建议是：HR 在入职前跟候选人说的每一个信息，都是在团队里即将发生，即将被看到的，不能太虚。即便虚，虚里面一定要有实。因为候选人来到团队以后，如果你不能及时把前期承诺的东西兑现，他会很快降低对你的信任度，然后团队在职员工就会经常看新员工离职，这种心理状态带来的影响会滋生问题。

后来这个团队发展不错，搬到了中关村，团队人数从原来的十几个，扩大到四五十个人，创始人对 HR 很感激。在这个过程中，如果没有一个专业的 HR，尽心尽力去招聘，很难能达到后来的规模和稳定性。

抛开面试时对候选人的开诚布公和彼此的期待磨合，我们需要倒推到新员工入职的第一步，目标是建立一个相对完善的入职培训过程。尤其在大批量紧急招聘时，可能一天会入职好几个人，HR 需要把他们聚集到一起，那么，讲些什么呢?

首先，一定要讲公司的文化。

有的企业文化可能就是三条标语，比如创新，然后愉快或者为用户创造什么，但这些永远都是一个个词，这些词一定要不停地说，贯穿地说，各种渠道说。要告诉他们企业文化是什么，背后代表的意义，不用着急讲案例，也不用把这件事情说得特别透彻，因为刚刚接触，每个人都有一个吸收新东西的上限。

接下来讲管理制度。

HR 既是公司制度的设定者，是承上的，也是公司制度的执行者，是启下的。员工从不同的公司进入新的环境，每个人背后带来的文化是不一样的，原来承载的制度也完全不一样，现在都聚集到一个 A 公司来，A 公司的制度就是一个标准，HR 要讲的就是：我们的标准是什么。这个标准也许特别简单，可能就是一本小手册。

比如每天的工作时间（可能是弹性工作制）；工作通过什么样的标准来判定；上班时间由谁来给新人做一线工作安排。

然后告诉新人所属部门的职责是什么，部门层面会有多少相关工作职能和新人有关联性，跟同事需要一个怎样的配合模式。

创业公司的架构一般特别扁平化，创始人居上，下面全是伞状分布，但是并不代表所有人都直接跟创始人汇报工作。因为工作还是需要有节奏、有效率地完成，在整个公司的沟通结构上，有的人可能通过口头传达，给新员工画一个简单的示意图。比如一个 QA 工程师上头有总监，总监会安排工作，那他需要完成的就是与前端开发部门、后端开发部门或者产品部门分别有不同维度的工作安排。

在这种情况下，作为 HR 只需要做简单描述作为铺垫，因为具体的工作一定不如本部门的人了解，后续 HR 将他送到部门，让部门内部再做业务培训。

第三点，落实在招聘阶段承诺的福利、待遇，让员工有一个踏实的心理准备。

招聘前期，员工经常会得到这样的承诺：

你今年有十四个月的薪资；

按照公司的福利或者业绩好的程度，每一个阶段有不同的奖励，比如每年一次旅游；

如果用户达到几千万就组织去一趟国外，然后下一个阶段产品 1.0、2.0 上线，会有一份丰厚的奖金。

诸如此类。

对新人来说，因为还没有接触到业务线，他不太能够体会到完成目标的难易程度，但是 HR 为什么要说？其实是为了表达公司的福利诚意：现在这个发展阶段能够给到员工的大概的福利待遇都有什么类别，最好前期有一个比较清晰的清单。

比如提供免费早餐，但是10点钟以前到公司才有；

提供午餐、午餐的餐标是多少；

每天下午会有一个让员工休息的happy hour（欢乐时光），会通过这个时间做产品、业绩的分享，了解各个部门或者个人的工作方式；

或者每周有周会，可能是员工项目进度汇报，跟老板之间的一些吐槽；

或者每个月有生日会，生日会准备大概预算多少的礼物；

不只是员工个人，比如在入职登记时收集信息，公司记录员工家属的生日，HR给他们不断送福利、关怀，让家属知道这个团队是有爱的，有不错的工作环境；

再比如，每一年还会有几次评估，每次评估标准由谁制订，奖惩机制怎样。

其实这些很细化的东西，对于新人来说，要么回到团队后跟一些慢慢熟悉的同事私下打听，但是消息版本千奇百怪，毕竟每个人的理解能力不一样，每个人对公司的决定从执行到落实到自己身上，反应也不一样。

HR与其让新人通过各种小道消息去了解，不如在入职的时候先做规范化的宣讲。这样能让他们获得最标准、最有价值的信息，降低“一日游”“两日游”的离职概率。

当然，一开始，HR 可以给新人一些框架性的信息，但是不代表第一次培训以后，任务就结束了，你可以让培训贯穿完整的一周。

新人在第一周完成从生到熟的过程，HR 可以再安排一个时间，做个一对一聊天。一周以后进行回访，这个回访的目的是让你了解员工在业务部门给他工作指令后，他的工作能力如何，以及和业务部门的沟通是不是到位。

你可以收集到一个新员工给你反馈的，关于新加入到部门团队的更真实信息。

他可能会说谁的工作质量并不太好；

或者领导安排的这个工作并不是他擅长的，能不能调整；

或者说他觉得领导在某个能力上非常强，希望增加技术层面上的学习机会；

或者他会说某个部门的工作效率有问题，可不可以做一些提升。

甚至有的还会提出关于试用期工资调整的问题。现在很多创业团队的新人试用期从二个月到六个月不等，有的团队会说试用期八折工资，有的团队很大方，全额都给。不同做法，见仁见智，如果你认可这个员工，在试用期内没必要打折，不少员工的心里认为付出都跟性价比是挂钩的，比如我该挣一万，你只给八千，我可能只会付出八千的努力。

这种比去找一个老员工访谈得到的信息更精准，因为老员工很可能在一段时间内被同质化，甚至在这个阶段已经没有激情。所以对新员工的周回访或月回访需要够及时。

试用期，要做专业的跟踪

试用期内，如果 HR 能够一路跟踪到三个月试用期结束，你不断地得到他的信息反馈，会发现你能够掌握到整个团队、项目组里面的有价值的信息，能够判断这个人是不是能够顺利通过试用期。

其中，新员工的部门领导对试用期内 HR 招聘的这些人满意度高低，对今后的招聘来说有直接的影响，能反过来推动 HR 迅速调整寻找候选人的方向。

如果新员工没有通过试用期考核，我们可以在跟踪过程中，给出一个月的提前量，及时给他一些警告，提出可以整改的方案，同时也是书面的提醒。要知道在试用期内，现在用人单位直接裁人，按《劳动法》规定，要有一定的赔偿。既然你前期千挑万选把他选进来，你认可他的能力的同时，也发现了他的缺点，不如提前给他一些改进的方向，给他机会。

要是第一次提醒后没有效果，第二次深度沟通的时候，就需要特别具体地指出问题，商讨如何调整、改变，可以说这是最后的通牒。

新人如果能有大的改变最好，毕竟每一个创业团队都是在不停地试错，老板的试错对于员工来说也是在不停地跟进。你的两次提醒，反馈到新员工那里，他已经很清楚自己在团队的不足，等到试用期结束，跟他终止合同并请他离开，其实双方的劳资风险会降到最低。

还有一种情况就是公司认为新人不好，然后慢慢地就不给增加任务了，把工作任务交给别人，慢慢淡化新人在团队中的作用，让他自己觉得不舒服，可能自己就走了。

但是前期铺垫如果没有做到位，最大的风险是什么？比如，老板与 HR 之间没有提前明确跟踪提醒，新员工还在努力调适自己的时候，老板已经明确地淡化他，造成他不接受让自己离职的现状，但是老板认为新员工没有价值，最后会将信息释放到中间人 HR 这里："这个人今天给我谈，谈完了马上就走，我不想再看到他了。"HR 跟员工根本不明白老板不满意的是什么，这样造成 HR 非常被动，员工也不接受这种处理方式。最后，即便离开了公司，他今后在同行面前对这个团队进行反馈的时候，会说团队对我不负责任，管理没有规则，工作质量没有判定标准等负面信息。

有个团队的 HR 提到过这样的问题：他们有两个 offer 发出去以后，候选人口头上接了，但是都是在入职前两天告知不来上班。HR 跟进后，发现两个人都是从不同的渠道找到了该团队原来离职的员工，了解了所谓的对这个团队的一些负面信息。他们更愿意相信曾经在这个团队工作过的第三渠道或者朋友，而这些人离开的时候其实就不开心，因为老板用了一些他们并不太接受的方法裁人。这些负面情绪一直存在，所以当有人来咨询的时候，他们肯定不会说团队好，更别奢望他们会正视自己当时在团队中的工作状态和业绩。

总体来说，这些已经离职的人的反馈都会比较隐晦，比如："那个老板对我怎样怎样，我建议你不要去。"就这一句话，HR 前期的很多努力会因为你的候选人不太了解公司内部真实的情况，就付诸东流。所以说，HR 用好所有的人，让所有人知道他离开团队的真正原因，让他能跟你和平分手，其实为的是让现有的在职人员有更好的工作环境，让以后潜在想进入团队的候选人能够有一个公平公正的判断，把对招聘的破坏力降到最低。

所以，从入职开始，HR 就要给员工一以贯之的专业规则，专业文化，专业的短期、长期的跟踪，而且不光对新员工要这么做，对已经入职了一段时间的员工来说，用人方面也要增加更多的反馈机制。

30 人以下扁平，30 人以上储备 Leader

职级对早期创业团队来说，最早期就两层，老板一层，下面员工一层。

但是，团队大概到五十人的时候，一个人去管理五十人是不现实的。

火遍京城的伏牛堂米粉，创业初期的团队基本就是粉丝聚集来的。开第一家店的时候就是四个创始人自己做，第二家店的时候又来了十几个人，基本上都是粉丝。一直到第四家店，才有人事部开始做招聘，但是留存率不高。前六十个工号，除去四个创始人，两年中留下来的只有十二个人。

因此，HR 前期要有人才储备意识，即明白为什么要储备一些对应的人服务于你的早期团队。比如团队早期为什么要有市场营销，团队刚开始研发的时候就要建立品牌意识，今后我的用户画像是什么，产品和技术协调的时候我怎样才能精准定位用户，怎样才能不停迭代直达或者追击到那些标准用户，等等。

伏牛堂团队这十二个人中当时已经有五人任店长。一个店里面管理的好与坏，主要靠店长。作为中层，他们管理的五个门店在离职率上控制得非常好。伏牛堂团队的创始人也借此设立了“讲武堂”，专门用来培训店长，不单单是服务的技能，最主要的是提高店长多方面的能力。比如如何做复盘、如何对日标和时间进行管理、如何沟通政府关系等。

这样能做到最好的自我储备，从团队中直接挖掘合适靠谱的人才，同时也开放招聘，从一些刚毕业的学生中挑第二期人选，开始储备干部。

什么时候储备合适呢？当团队有三十人的时候就要做准备。我见过很多团队，都把中层的 title 定成 Leader，翻译成中文就是“某某部门负责人”。我比较赞同这种定义，在初创团队里，不一定非得定一个副总，定一个总监，定一个经理。因为会导致团队负责人之间变成汇报与被汇报、管理与被管理的关系，中层会有压力。

如果团队有一个领袖，下面有各部门或者各项目负责人，那每个项目负责人的职能就是对接项目内所有相关联的人。他就是一个承上启下的角色，既在各个不同的负责人之间穿行，又能在部门内收集所有的信息，还能向上，对创业团队的核心管理层起到一个承担责任的职能。

五十人左右的团队，如果过于扁平，那么在每个人都不负责任的情况下，谁也不知道谁来承担这个责任。所以中间一定要有一个负责人承担起责任，能够分配任务，帮助核心管理层反馈这个团队的问题。

这样的中层可以慢慢培养储备，当团队壮大到五十人、一百人的阶段，就需要一些职级。很资深的人加入以后，通常会关注自己在职场上的定位。有的人从 BAT 出来，会有自我职级设定，比如三五年后是总监，七八年后是副总。假如他能够在初创团队里承担总监的职能，反而是一个不错的吸引要素。

如果不常说，企业文化就只是墙上的几个字

很多公司墙上都有标语，后面会写上某某创始人，相当于创始人要把自己的话写在公司 Logo 墙上代表公司文化，这是一种创始人管理模型。

一个公司的文化要的是践行，只要做了，一定是点点滴滴能看出来的。

比如壹枱（下文的 The ONE）智能钢琴。

和他们的 HRD 聊天的时候就能很快感受到这家公司的风格。他们的 HRD 和创始人的风格很像，很有艺术范儿，亲和力强，经常带团队做各种好玩的活动，比如亲子活动、家庭日、端午节包粽子等。

公司一进门，前台墙面的醒目位置上，零散悬挂着一些钢琴的组件。那是 The ONE 研发的第一台钢琴，后来他们把它拆解成零件挂在墙上，为的是让每位员工每天能看到他们的第一个产品，每个人每天在第一个产品的故事里穿行，让他们了解 The ONE 的创业历史。

在大堂的另一侧有一面文化墙。每一个员工入职的第一天都会拍一张照片贴在墙上，代表是这个大家庭的一员。再来新员工的时候，HR 会让新员工从文化墙上给自己指定一个导师，导师引领新员工快速地熟悉公司的业务、制度。很多公司都有类似的做法，比如会给部分预算，让大家一起吃个饭或者下午茶时间一起玩，通过这种方式快速融合起来。但通常导师都是团队指定的人，被指定的人本身就具备了较强的工作关联性，新员工会觉得和导师所谓传帮带的精神只是集中在工作层面，比较局限。

The ONE 则反其道而行之，那这样是不是都倾向于选高颜值的，或者面相特别和善的？确实，他们发现，被选得最多的是女生，或者做产品的妹子。

他们的 HRD 认为相由心生：如果一个人从照片上传递出来的信息使你非常想和他接近，同时你觉得这个人是自己选的，那你主动去跟他沟通的时候会更容易有认同感，你也更容易由内而外建立对这个团队的信任。被选中的导师身上所具备的气质、已经存留的企业文化特质，更容易被新员工接受，并且能够快速地使新员工产生想学习、想跟进、想融合的想法。

慢慢地，导师制度变成了企业内部的业务传递。然后，新员工还可以再指定一个人给自己讲团队合作，再加上 HR，多种方式聚集到这个新员工身上，这样他不管在工作上，还是在工作以外都能很快进入角色。

The ONE 公司自带艺术情怀。他们招聘技术人员都会问是否喜欢音乐或者掌握一门乐器，这都是他们会优先加分选择新员工的因素。

既然团队的领袖是这种风格，HR 营建的企业文化、价值观也朝这种方向去做，那么你的员工一定会在这里慢慢地传承这种精神。比如刚入职时，HR 可能给他讲的是某个企业文化的核心词，等一周回访的时候，你一定要主动去问他：

还记得我给你讲的文化是什么吗？

你在团队里看到的哪些事件是跟这个文化有关联的？

他就会把公司慢慢从事到人，再到文化开始有了贯穿。

当团队里有些人触动了公司文化，发生风险问题的时候，老板也好，部门 Leader 也好，他们做案例分析的时候，一定要最后落实到企业文化层面：

比如对用户来说造成了什么样的风险？

对目前研发提出了什么挑战？

然后根据企业文化来说，它的哪一点是不太匹配的？应该怎么样改变？如何融合到文化里？

对于员工来说，他就会慢慢地把这些问题对标到公司文化里去。

文化的东西是虚的，如果没有身体力行去营造，就在墙上放着，那它就是几个字。

说到本质上，企业的文化建设需要明确几个答案：

我们所追求的愿景是什么？

使命是什么？

为了达成使命，将遵循什么战略？

为了实施其战略，我们的结构是什么？

这四个层面的答案，HR需要通过不停地运用各种案例，借助各种机会传达。比如年会的时候可以让员工在这方面去做一些小的演出，让每个人都投入进去。而且在企业发展的过程中，可能有一些文化也需要迭代，这种迭代要在员工的基础上不断地去提炼收集，然后让大家了解哪些文化需要新增加进来。这样员工就会认为这是我提的，一定要让它在团队层面发挥好的效果。

如果一个企业没有文化，招聘也就没有了清晰的画像，也就不知道这个人到底用得合适不合适，也没法形成强大的凝聚力。

导师渗透，不让“牛宝宝”把公司分裂成几十个“分公司”

在新员工里，有一种特殊类型，比如实习生，他们是短期兼职性质。不少创业公司在前期财力有限的情况下都会大量使用实习生。如何管理才能让这些年轻但又缺少职场经验的员工发挥出能量来，并不容易。

我们服务过的一家公司可以作为典型案例。

这家公司的创始人其中一位属于科学家级别，是技术领域里的专家，很有极客精神。CEO具备管理运营背景。

这个团队在招聘实习生的时候，有一个非常极致的要求，一定要招海归、名校毕业或成绩很好的顶级学霸。这些人的学习能力，包括他们对未来及创业团队的期待，都毋庸置疑。可以看出来，他们团队各方面都要求极致，人要最好的，环境要最舒适的，给实习生的待遇也早就突破了市场的常规水平。

包括后来招聘的非常顶尖的技术人员，工资相对来说都比较高。联合创始人在看过一篇关于深圳的一家无人机创业公司的报道后，对这家公司的团队平均工资水平很诧异，问我他们是怎么做到的。其实报道中的技术工资水平是创业公司里很正常的一个薪酬范围，但他很不理解，这样怎么能招到特别厉害的人。

在海外或者一些高端技术圈里，很多人都多少会提到北京这家公司的待遇：要去某某公司了吧？有职位了吧？特别不差钱的一个团队。只要能去，那待遇肯定特好。

后来，这个团队有了九十多个人，其中实习生占三分之一。这些人到团队后发生了一个大问题，因为在某方面都特别强，每个人都唯我独尊。市场销售的人称呼他们为“牛宝宝”，就是学历背景特别牛，但他们的经验、经历还有情商，以及处事的方式方法，还停留在宝宝阶段。

那么，他们之间不可能产生大的凝聚力，每个人都希望自己能够独立担当，更想把工作放到一个更有挑战性的事情上。但在创业团队里，免不了需要有人去干脏活、累活、小活。他们在团队里面更多定位的是我，而不是我们。实习生只会为自己所谓的研发方向做提案，他们都很聪明，有特别好的逻辑，同时有急迫的心情要找到自己需要的人，以把自己剥离出来，只做自己感兴趣的事。所以你会发现这个团队里有三十多个牛宝宝，慢慢变成了三十多个团队，自己做自己的，不愿意协同作战。

同时创始人给到他们的信息会让他们觉得：我相信你，你可以做，你有足够的能力，你可以去实现。那么他们就会用自己的理解去招人，招到了人直接告诉 HR，我招了谁，自己建了一个什么样的团队，就是通知你一下。

当市场运营想通过他们了解开发进度，或者讨论下一步销售策略时，他们的配合度很低。比如某个项目开技术会时，联合创始人都被认为不需要参加。在技术团队看来，我们只讲技术，做管理的也听不懂。但是联合创始人肯定需要了解产品开发的进度，才能判断今后的商业方向，让非技术团队有机地去配合。可以看到这个团队的失衡，是因为技术人员激情四射地在开发自己现有的产品，做各种智能设备等富有创造性的东西。每个小团队都在紧锣密鼓地忙自己的事情，但真正的核心业务可能跟其他团队产生了脱节。

从人力资源的角度来讲，如何解决这些问题？

首先，实习生进入团队，一定要给他配备导师和培训计划。实习生是短期的实习，更多的是想了解从书本上学到的知识怎样用到公司里，因此可以让他们多接触底层的事情，一旦动起来，就知道理论知识怎么转化到实际的工作中。

在真格基金，我们有一个“Gap Year Intern”培养计划，要求实习生休学 6 ～ 12 个月。他们可能都是大二、大三，或者是研二，都不能马上毕业找工作，主要想通过这个阶段来重新定位今后的职场目标。回到学校后，通过实习获得的经验，对他们学习的主导方向、专业，都会产生影响。

那么，前期就要针对不同类型的实习生制定培养计划。为什么像腾讯、宝洁、联合利华这些大公司的中层干部不会断档？比如腾讯很早就开始进行校园招聘、积累人才库以及种子管理岗储备，这些都是为了填补团队在成长、上升以后留出来的空档。早期经过培训后，带着腾讯的基因就能迅速融入。

轮岗在很多早期创业团队可能没法做到，但因为是扁平化管理，反而员工会在第一时间平行接触到很多不同的项目。但项目比较分散，HR 要给他们指定一个在某个阶段里固定的导师。这个导师既是生活上的引领（他们的年龄比较小，需要有一个家长、老师以外的指引渠道），同时导师身上具备的经验能加深他对企业、行业的了解，甚至很多工作方法、精神都可以慢慢地渗透给实习生。

以半年的实习期为例，我们发现实习生离开的时候有很大改变，更成熟，待人接物也更专业。在真格基金，我们会挑选专业偏金融、商科的实习生，因为 BAT 或者一些早期创业团队更偏重研发产品，所以一定要去找行业相关的人。首先需要对专业本身有好感，有一定的积累，日后也要往这个方向发展，那么创业公司提供机会，实习生会主动、认真地去转化他所学的知识。

反之，如果你因为想要他们创新，对他们期望值很高，因此放纵他们去做自己的事情。当不知道要怎么办的时候，他们就会自己创造，但是又不知道要创造的东西跟团队是不是有一个向心力，最后就变成自己玩自己的，玩成了N个“分公司”。

没有持续的关怀，再好的人也不能一个顶仨

发现可教之才

能力 \ 潜力	低	中	高
高	专家	有可塑性的专家	明星
中	可靠	中坚	新星
低	不可靠	不稳定	明日之星

上面的九宫格是经典的人力资源模型，更适合三十人左右的小团队考察员工的能力。

横纵轴分别对应能力、潜力。能力即当前的状态，分为低、中、高三个级别。潜力代表未来发展空间，同样分出三个等级。

在团队里，如果不以能力、潜力综合分析，可能会认为大家都不错，很难分辨出高低，包括未来的培养方向是什么也很模糊。落实到九宫格后，能清楚地知道员工成长的要求，哪些员工会成为真正的核心力量，比如能力强、有潜力的顶端明星员工就是最有可能抵达管理层的人选。

在初创团队的早期，可以制订类似于 SOP（Standard Operation Procedure，标准作业程序）的一个标准化流程，让新员工或者年轻员工熟知工作流程是什么，每一个流程需要达到什么样的标准。比如 HR 团队负责人针对内部人员可以给出明确的任务指令：每天要打多少个陌生拜访电话，成功邀约的比例要达到多少，都有一个量化的数字。在技术团队里量化任务就成了每天要完成多少行代码，达到几成合格率等。这些都是判断员工执行能力的基础。

在标准化的状态下，有的人看不懂标准流程和文本，无法去实施任何工作，能力差且没有潜力。有的人可以遵守标准化流程，工作质量达标，就是可靠的员工。还有一种人，他们不仅能够完成标准化流程，还能结合个人能力优化工作，提升产出，让团队之间的协调更顺畅，他们是未来最有可能的明星员工。

专家则是在某一个领域具备丰富的经验，能对工作进行专业性的指导，培养他人同时具备一定的影响力，并且对自己的潜能有清晰的判断。他可能是团队的全职员工或者资深的合伙人，也可能来自 BAT 团队的中层管理岗，因为在大企业中遇到瓶颈，没有上升空间或者是局限于流程化的管理，发挥不出潜能。那么他会选择到初创团队，释放强大的个人能量，与团队不停地试错、磨合，这就是在慢慢地塑造一个专家。

现在的公司大多希望来一个人顶三个人用，不愿意再做太多的培训。没有培训的情况下，相对成熟的员工如果在团队里每天看到的只是自己在做的事而不能了解公司全局，其实没法提升。同样的，整个团队也提升不了，只能再去招更厉害的人进来。

但是更厉害的人招进来以后，在文化认同上他们远没有在自己团队里培养上升起来的人贴近团队。所以在找牛人时，要先看看团队是不是有通过培训有上升空间的人才。从 HR 招聘成本来看，内部提升选拔的机制比在外部招聘的时间成本、资金成本低。

BAT 都有特别强的校园培训的体系，每一年校招会在学校里做很多宣讲，目的是推广品牌，同时积累种子。这些种子计划作为管培生或者实习生长期培养的一个渠道，他们对上面的团队职级是一种压力、冲击。

对自己来说，能够进到一个有规则的团队里，是一种荣耀。BAT 有自己的学院体系，经常从外部聘请很多专家级的行业人物，给内部员工充电，补充内部培训不足的情况。这是一种长期的培养关怀机制，为每位员工创造不断学习新东西的机会，就算是不能马上为公司带来利益的技能也一样要开放，再鼓励他们把学习到的东西付诸实践。

这样的人才培养，首先人才自己需要有强烈的自我提升欲望，对未来有明晰的愿景。然后根据他们对自己的优势和缺点、个性特点进行的客观评估，找出“真实自我”与“理想自我”之间的差距。

那些很难用技术指标去衡量的员工，需要通过这些方式去调整。现在有很多测评工具，比如北森，可以通过一些星座与各种色彩模式进行测评。个性上如果测出来属于敏感型或者温和型，就需要通过多方刺激加以提升。HR 很难让他在工作过程中对个性做大的颠覆，但是不同性格的人可能适合的东西在团队是不一样的。比如环境驱动型的，HR 在给他分配上级领导时，可以找擅长激励人的或者自我驱动型的领导。这帮助的不仅仅是员工个体。有些团队在年终的时候会通过调研获得数据，了解整个结构进而重新进行布局，做到用人到极致，所以这种工具可以帮助你把更适合的人放到更适合的位置上去。

这类分析工具最后还会给一个对标，比如 A 型人格的人可能更愿意跟 C 型人格的人配合，所以配对的时候 HR 能事先预判到他们在一起是不是更能激发火花。所以让 HR 多用一些自己能力以外的评估工具也是帮助他们了解团队的另一种方法。

最后，HR 需要确定学习日程或行动计划，突出重点。不要期待一次就能改变，应循序渐进地去做。

对员工的关怀不只是对在职员工的培训和调整，对离职员工的关注是很多 HR 忽略的部分。

在腾讯，针对离职群体，他们会有专人进行长期的联络和维护。离职群体也是HR用人的一部分，即便离开团队，他们早期通过团队合作形成的文化是抹不去的，HR怎么样让这种文化在他们已经离开的情况下还能继续发挥效用？

腾讯的离职群叫“南极圈”，而且根据地域分区，比如华北区、华南区等。经常组织线下聚会，大家在一起吐槽现在做的事情，有什么样的需求。比如腾讯内部会给一些接口，有一些信息可以对流进来，或者在创业期间，通过“南极圈”平台上的资源对接进来，这个比直接冷启动要快很多。所以腾讯一直有专门在职的人全职管理离职的员工群体。

管理的目的就是要知道动向，腾讯会尽可能给你提供内部的对接，在能够跟腾讯产生最大利益的时候，公司第一时间能站出来，把这些人再吸收回来。比如大公司的收购、并购从来没有断过，但为什么把原来这些内部的人再整合起来呢？他们也会通过离职渠道，主动再回来，项目可以回流，在他创业不顺利的时候，人也可能再回流到平台上。

腾讯有很强的人才库，即便你离职后，联系方式还有今后的走向，他们都是在不断地跟进。HR能够知道这些人在做什么，同时利用各种机会跟你产生关联，让离开的员工知道腾讯还在关注着自己。

这是用人方面非常好的一种长线联络方式。把它引申到创业团队里该怎么做呢？

对创业团队来说，建一个离职人微信群并不难。员工走的时候可以做深度的沟通：

你觉得公司用人的过程里有什么让你感到不舒服的？

你希望有什么样的改进？

如果我们跟你长期建立联系，你觉得有没有可能帮到你？

HR要让他觉得团队暂时跟你分开并不是你不好或者是团队不好，只是大家在这个节点上不再适合，所以我们就分头去找更适合的合作人。长期来看，离职员工会觉得是不是我会有更适合的人推荐给老东家？或者我在某一个节点上会发现更适合的商机，能不能再跟老东家之间产生关联？

这样也能避免我们提到的在背景调查过程中，离职员工反馈出对公司的负面信息的问题。

对于在职的部分员工，腾讯还会提供购房的无息贷款。比如说会按城市级别，增加贷款的额度。他们还会提供能够覆盖深圳每一个角落的班车，每天停在深圳的办公大楼下，等等。这种关怀是为了让员工能够把精力都放在工作上，避免额外的消耗。任何HR做出来的福利体系都是为了增强业务部门的竞争力。

所以，HR看似是一个没有产出的花钱部门，但从用人角度上做出的各种调整以及福利体系的设置，都是在帮助业务部门提升凝聚力。

留人心法

当互联网白领遇到蓝领

互联网公司在大众的印象里，向来是高级写字楼、白领、优雅舒适的工作休息环境。其实这些是大公司的标配，创业公司显然不是这样，尤其用互联网来改造的传统行业，更颠覆人们的固有认知，比如餐饮。

以小恒水饺为例，他们团队既有怀揣着互联网思维的白领，又有传统餐饮干脏活、累活、细活、小活的蓝领，当白领遭遇蓝领，团队如何有强大的凝聚力？餐饮行业向来流动性大，留存率低，互联网白领们如何转变思维做团队管理？HR 又该怎样聚拢这两类人？这是个很有挑战性的话题。

互联网餐饮公司，首先，要整合互联网人才，如何说服他们进入传统行业，招聘本身就是个挑战；其次，年轻的互联网团队领导人去带领年长的蓝领员工，向上管理并不好做。

小恒水饺创始人李恒是 80 后，团队管理层的人基本都比他年长，但大家都尊重他。团队有凝聚力，肯定是领导人能够起到强大的聚合作用，赢得信任，不管是描述愿景也好，承诺也好，团队都愿意和他一起干。这些一定是来源于创始人本身特殊的领导气质。

这个团队的核心阵容极其豪华：有来自国际连锁店的，也有来自顶级奢侈品店的，甚至还有微软研发中心的，其中 HRVP 来自万豪集团。这些人能够组合在一起本身就很神奇，为什么他们愿意进入一个饺子公司？

李恒很重视关键岗位的面试。在三到四个小时的面试过程中，他会讲为什么要做水饺、今后的发展方向，以及在这个团队我能赋予你什么，然后跟候选人深入浅出地分析他未来的职场定位，以及跟公司之间的匹配度。

面试结束，李恒会把候选人送到电梯间，如果发现候选人还不够坚定，再一直送到马路上。甚至有一次送到了几公里以外的家门口，在路上不停地和候选人交流。交流过程中的真诚、事无巨细、严谨认真的态度很快就打动了不少候选人。

对员工的真诚，主要体现在细节。比如这个团队的员工加班回去晚，公司就会在外面租一套房子，回去晚了就可以住，像这种细节可能好多公司不会关注到。

这些关键岗位的候选人原来都是职业经理，固有的沟通方式就是要做、不能做或者怎么去做。但在饺子团队，创始人可以让候选人创造一个新的平台，公司帮助候选人发挥所有创造力的时候，自己也就实现了价值。

所以，别看这个团队的产品是水饺，外界对他们的认可与李恒对行业的认可，对早期高素质人才的储备，对候选人的认真、诚信的态度，以及对团队的这种承担是分不开的。

李恒曾经力排众议干过一件事——在只有 HRD 一个人支持设立员工食堂的情况下，坚定地拍板赞同。开办食堂后，员工反馈很好。员工认为有人专门去照顾他们，定制菜单，中午、晚上都会有一顿比较干净、合胃口的餐食。餐饮行业员工年龄偏低，大多没有成家，能够提供食堂用餐福利，对团队双方都是好的，性价比高。

如果没有食堂，每个月要给员工补贴，在一线城市出去吃一顿饭可能花 30 元，一天 60 元，对于刚毕业的大学生或者毕业两三年的北漂来说是一笔不菲的开支，如果企业给员工一个月补贴，也是不小的成本，但对员工来说又是杯水车薪。

开设食堂，员工可以在这里吃到四菜一汤，可以吃到牛肉、鸡翅、鱼还有红烧肉，而且每天不重样。实际上，付出的成本是一个月平均每人每天两顿饭 20 元，比起饭补要节省很多，员工们还都感觉很好。当初，他们开设食堂同时取消饭补时，没有一个基层员工反对。后来招聘员工，很多人一听有食堂，眼睛就亮了，员工们会拍食堂、饭菜照片，分享到朋友圈。

这是从物质上给予员工的一大福利。

李恒还分享过另外一个案例。他们有一个加工厂，工厂招聘的都是当地从来没有工作过或者下岗在家的全职阿姨，年龄普遍较大。她们之前都没有独立的经济收入。

对创始人来说，她们既是企业的员工又是邻家大姐。他每次到工厂里，都会告诉这些大姐，做这个工作的意义：除了工资，更重要的是自尊自强，甚至可以在家里拥有自立感。因为这个工作所服务的品牌慢慢壮大，品牌带来的正面影响力，还有为这个企业工作的自豪感，能够让大姐们有价值。这些大姐每次都能在和创始人的交流中获取尊重和荣誉感。这种沟通方式在稳定基层员工的同时也传递了企业文化。

对于蓝领来说，他们工作寻求的第一目标就是在企业里能不能得到尊重，这可能比拿到更高的工资更有价值。这个团队既是互联网的模式，又有传统行业的基因，在用互联网模式运作的同时，又能以一个企业家的心态来真正换位思考，主要领导能经常跟蓝领员工沟通，实属难得。

我曾去他们的店里吃过饺子，他们的饺子的确让顾客感觉到家的味道，虽然品类不多，但是饺子店是有温度的。店员愉悦程度高，会自发地做一些事。比如，我们去拿餐巾纸，店员会多给几张，我觉得浪费，就还他几张，他会特别发自内心地跟我说谢谢。

员工对企业有家的情怀才会有这种珍惜、感恩客户的真实场景。就像海底捞一样，团队释放足够的能量，员工才会把企业当成自己的企业。

在时下的HR领域，蓝领员工已经越来越受到企业的重视。基础员工的满意度和忠诚度与企业的发展息息相关，供应链上的每一个蓝领员工看似微不足道，但都是企业整体发展的关键零部件，缺一不可。

团建就是放松的时候讲文化

提到团建，先来看一家公司创始人的分享：

以前，我们会为了团建的小细节纠结半天。经常是整个团队拉出去两天，然后员工也玩了，钱也花了，但没有达到任何效果。我们希望团建能够展现每一个员工在生活中的样子，我觉得管理就是管人性，如果你懂人性是什么东西你就能带好团队。

光看到员工工作的状态，经常会发现有的人在实习期表现很好，但是转正就不行。其实是因为公司对他的品格、品性不了解。所以，团建不是希望员工简单地玩，而是希望能长时间地了解，从生活中去发现这个人的优缺点。好多人都说生活跟工作要分离，其实生活与工作密切相关，性格就决定了在工作中的态度。

后来我们去外地做了一次五天的团建，我们发现这样可以很清楚地了解每个人的脾性。与其分几次短期团建，不如做一次大团建，第一员工玩得尽兴，第二我们又降低了成本。一次团建回来，我们就能摸清谁是值得培养的，谁是不值得培养的。

其实团建也是给员工一个调整自我和与适应团队的过程。每一个初创团队都是在试错，很多人出现错误并不是因为自己想犯错，可能是方向不清晰，或者 Leader 传递的信息不明确，或者还没有摸索到正确的规则，成员之间都是在寻找默契、互相磨合。

我有个朋友，他说有个“找老婆”理论：如果看好了，想跟她继续发展，就和她一起去旅行，旅行中常有突发事件，她如何去应对，她与周边的人怎么沟通，别人对她的印象，包括情商、逆商，在应急情况下都会得到充分的展现；甚至能了解到她对朋友、家人的态度。

“找老婆”理论也适用于找员工。员工在生活中的态度会自然地转化在团队中，可以通过放松状态下的反馈预判今后在这个团队里遇到突发状况，需要非正常处理的时候，员工会采取什么样的态度。比如有的遇到困难会本能地逃避。

预判哪些员工不合适，同样可以挖掘出靠谱的员工。当团队遇到困难的时候，有的人会用各种方法，减薪也好，甚至尽力去帮团队解决资金问题，但是为什么我们一定要在这个阶段才发现这样的员工？为何不通过一些渠道，更早地挖掘这种潜在的能力，储备这些人才？当团队真正需要凝聚力时，他们不需要任何动员，都会自我驱动，帮助团队一起解决问题。这是创业团队早期用有规则的办法做非常规的人才储备的方式。

团建可大可小

公司内部每天都可以团建，比如每天下午 3 点钟的时段最容易犯困，HR 可以利用这个机会做内部团建。比如员工一起享用下午茶、吃水果，能够有机会聚在一起，聊天吐槽。或者专门有人组织开展个小比赛让员工提神聚气，然后颁发奖品提高参与度，这也是团建。

在真格基金，每周五我们有TGIF活动，这是谷歌的创意，即“Thank God, It's Friday”——谢谢上帝，终于又熬到了周五。TGIF 是对一周的总结，形式灵活，HR 可以把它定位成一个小型的内部分享会。比如安排产品部门的员工分享当前的项目逻辑，我们产品怎么才好玩？和对手的差距在哪里？未来的目标是什么？这个人不一定是产品总监，可以挑选团队里爱表达的员工，或者平时比较沉闷的员工进行分享，并颁发小奖金激励。

这是跨部门互相了解的一种方式。分享人对部门来说就是一个新的光环，对自己而言，是树立个人形象的机会。你会发现平常不太说话的这些人其实很有闪光点，你会看到他认真的准备，把自己想说的东西尽可能地展示出来。

其他员工需要在这个时候鼓励他，能够与他互相碰撞。HR 也可以准备几个问题，回答者可以有小奖金、小奖励，老板也要适时地做总结。员工在这个会上去吐槽，等到下一周，HR 需要借助多方力量，提前为员工们吐槽的问题找到解决方案，反馈给团队。

每个月可以组织一场集体生日会。或者有人快要过生日时，提前准备一些让大家共同参与的活动，比如每个人都写贺卡寄语，在贺卡上做小竞猜，猜是谁写的，猜对了可以私人交换小礼物。

茶歇也是一种形式。组织者可以买一些酒店式的美味果盘、创意巧克力瀑布等有趣味、高格调的甜点(平均每个人大约三十元的标准)。在工作特别紧张或者压力很大的时候，HR把这些美好的事物带给团队，很容易把团队从紧绷的状态中解放出来。但不要把这种活动放在发工资那天，最好在两次工资发放的中间时段，调动士气，对团队起到凝聚作用。

HR也可以把这个活动移到户外。有些公司可能有自己的场地，比如橘子娱乐就有自己的露台，他们经常组织天台活动。老板、部门Leader都参加，HR一定会把前期工作做得很漂亮，让员工对活动有期待，愿意参与进来；甚至还可以邀请一些潜在的处在观望期的候选人参加，多角度地了解团队。

团建，更多的是希望在团队放松的状态下，创始人或HR借助介绍团队、项目的进度，不失时机地讲文化。到了年底，更是要借助年会这个大平台，把团建做到骨子里。

我们经常看到各种大奖、小奖，其实年会不只是内部自己的建设，也要邀请家属参与进来。在过去的一年里，或许老公经常加班，公司给老婆形成了刻板的负面印象，这个时候应该适时地让家属走进来亲身感受团队的进展和氛围，了解团队的面貌、老板的个性，同时为他们准备好有纪念价值的礼物，一起聚餐做游戏，这种既像团建又像家庭日的活动意义非凡。

定制化的团建

以上几种团建相对日常化，比较松散。HR 也可以请第三方公司去做定制化的团建。我们曾在第三方组织下去过一次影视基地开展团建，进行各种有趣的户外活动。如走小吊桥、背摔、高墙攀爬、录制团队小歌、为歌曲拍 MV，以及把一些需要特别表彰的员工或者有纪念意义的事拍成小片等。把部门打散，很多游戏小组一定要把平常不在一起说话甚至有矛盾的员工放到一块。比如市场与技术、内容与产品、码农与客服、工厂与门店组合，吃住玩睡都在一起，分开打乱，一起做游戏。毕竟，工作上永远都是对事不对人，如果真变成对人，可能就是隔阂了。

一家创业企业还定制过这样的活动：

游戏内容是把一个团队分成三组，安排在珍珠岛、哑人岛、盲人岛三个岛屿。哑人岛有两块木板，岛上的人不能说话；盲人岛的人双眼看不到任何东西；珍珠岛上的人是正常人。然后每个岛都有一份任务书，必须在规定时间内完成任务。

这三个岛分别代表公司的三种人：盲人代表不知道具体干什么的公司员工；哑人代表知道一些事情的中层领导，但是没有更大的权利；健全人代表公司领导，会指引两个岛做很多事情，但不一定正确。因为他们拿到的任务书非常有迷惑性，所以往往把精力浪费在那些没有用的事情上，却忽略了他们只需要做最后一个任务就可以过关。

团建的形式多种多样，没有固化的内容，只要是做有利于团队凝聚力的事情都是团建。如今职场是90后的天下，他们虽然更关注个人价值，但是对娱乐活动的参与感很强，加上完全交叉式的活动方式，团建结束，整个团队的融合热度能持续很多天，因为在一起吃过喝过玩过，打碎了很多平时的隔阂。

HR搭台，领军人唱戏

对于早期的初创团队来说，创始人或HR大都是从相对成熟的企业出来，再重组成现在的团队的，每个人身上都多少附载了不同的原生文化，如何能够快速融到一个团队、铸就统一的价值观就成了首要任务。

早期文化的形成，离不开三种途径：创始人的思想；在企业发展过程中不断地发展、积累、总结而逐渐形成；在企业并购中融合而成。

企业就像一座建筑体，是有结构可言的：地基部分就是文化，这个基础的管理决定了企业的未来。室内空间部分由技术研发、产供销、服务等组成，这从属于运作层面，这个层面的管理能反映出企业的现状。屋顶部分则是战略和伟大的愿景。

参照这些结构，创业之初就要做文化，从HR角度对企业文化、对创始人进行深入的考察和评估。

大部分企业文化是企业不断发展、逐渐积累而形成的。我们先来看一家餐饮企业的做法。

在这家公司，所有人做所有的事情都是以公司短期目标或者长期目标为基准。遇到问题，不会去追究属于哪个员工的责任，先解决问题，再复盘讨论如何避免下次重现。决不允许在问题面前抱怨，不可以有任何负能量。

整个团队统一价值观后，每个部门有一个部门小文化。比如人力部门就是：没有任何借口，以结果为导向。市场部门每天都有站立会（即每日例会）。

这个团队要求所有的员工都具备数据意识，包括最基层的员工也必须知道：

当天的销售额是多少，为什么销售额高了或低了；

复购率、留存率是多少；

次月的二次销售人群，你能否识别人脸；

……

一开始员工都答不上来，特别是一些中层和基层非常抗拒数据意识，甚至有人因此离职。经过一段调整期后，大部分人都能答出来，甚至可以站在店长角度对门店提出建议，比如怎样提升销售额、降低运营成本等。

除了门店外，包括工厂也实行 OKR（Objectives and Key Results，目标与关键成果法）。虽然工人学历偏低，但他们非常清楚公司的目标是什么。在确定所有目标时都以数据为导向，所有东西必须可视化。

比如不要说下个月我保证完成招聘任务，这句话在这家公司是没有用的，是不可视的表达。谁也不能保证下个月产品没有问题，必须全部用数据呈现，比如产品合格率、成品率，酸奶打冷时间保证在几小时之内，正负不得超过20%，等等。无论是谁，只要跟不上，没有数据意识，就意味着被淘汰。这就是这家企业执行公司文化的坚定态度。

我们看到的是它的文化的自我形成过程，那么放大到所有创业公司，文化又该怎么做？有哪些可以跨界总结的经验？

第一，初步剖析可以从业务发展阶段、团队构成、人员基础、员工日常行为等方面出发，进行初步的文化状况评估。很多时候，业务问题、管理问题，归根结底都源于文化的问题。价值观是决定团队能否走到一起、走得远的前提条件。

第二，数据分析搭建文化的初期，务必邀请核心团队参与讨论、分析，剖析现状的痛点，逐步达成共识。什么是被倡导的？什么是被反对的？包括企业的历程和代表性的人物事件，提炼企业文化内核，让员工有参与感，如此才会让大家有归属感，觉得企业文化是他们自己创造出来的。

文化不是一蹴而就的事，痛点积累已久，对于解决方案和愿景都需要反复讨论，倡导建设性的冲突，才能逐步形成结论。

第三，制作标准读本，将谈论的结果转化为文字并固化，这样可以保证在传递过程中降低偏差，防止信息衰减。标准读本的内容是：企业文化是什么？为什么？怎么做？案例解读。这样才能保证文化传承的一致性。

第四，从管理层到中层自上至下配合文化宣传贯彻。方式有很多，如研讨会、情景模拟、内刊宣传、辩论会、微电影、戏剧等，挖掘有冲突的案例，请员工参与表演，这种现身说法的方式效果非常明显。

第五，企业内部要持续营造文化氛围，可以通过场景环境布置、典型人物宣传、小组学习会、发放汇编的学习小手册等。因势利导，逐步将文化落实到人才招聘、选拔、考核等所有的人力资源流程当中，增加沟通渠道和激励机制等。

同样是餐饮行业，有一家创业公司在企业文化建设方面就遇上了问题。

这家创业公司一开始起步就具备较强大的资源支持，创业压力不大，创始人会在面试中向应聘者传达诸多公司很强大、没后顾之忧的信息。久而久之，他发现整个团队没有压力和急迫感，自己带团队也缺失了狼性，团队对生存没有强烈的渴望。

曾有一个即将离职的人给他反馈，说自己是从创业团队出来的，一开始特别积极，每天上班十个小时，主动加班，但是一段时间后，慢慢地被同化。当团队特别“和谐”，都做老好人时，就没有了为生存努力奋斗的状态，每天不是为了目标做事，而是为了完成既定任务，主动性弱。

反观创始人，天天在外面谈渠道、找投资，回到公司定战略，联系各种资源。但是如果某天他在下班前十五分钟回到公司，就会发现员工都提前下班了。

创始人面对这些问题有心无力。员工有没有创业心态，就是有没有把工作本身当成是跟老板一起在“玩”的一件事。老板累死累活，结果员工轻松舒服，这个问题如何通过流程、制度来解决，甚至是否可以形成一种迅速改变的文化？

现在 HR 会借助很多工具来处理这个问题。比如通过 Worktile 这类协同工具，与团队成员和老板对接。为什么要让所有人的任务都能对接到他跟老板呢？他们的目的只有一个，就是希望能了解每个人在工作流程中的定位，然后每个人有问题了都会对接到他们，他们作为第一出口帮助协调资源。在整个工作平台上，员工可以看到每一个人的工作状态，以及和自己之间的配合度，这才是一个团队。当出现一个大目标任务时，会让每一个点上的人都知道，明确这个任务点与自己工作进度的相关性，整体团队在这个点上的进度是什么，而不是坐等着领导指派任务。

这才是一个创业团队应有的工作节奏，也是企业文化形成的一个重点环节。我们能看到推进文化形成的关键点，固然需要领军人重视，以身作则，但在初创团队里，以身作则是影响他人的一种方式，而非有效方式。所以整个文化建设的过程，HR 扮演的是搭台的角色，领军人来唱戏。

一是长期坚持，要有坚定的信念，在任何发展阶段，都要把文化工作排上日程；二是持续强化，文化建设要和实际业务相结合，帮助解决一些痛点问题，让文化能发挥实实在在的作用。

企业文化是以企业制度、流程为载体，但凡成功的企业都是企业文化成功的企业。

早期要有扎实的利益驱动

留人是创业团队的一大挑战。创业早期吸引来的人，能不能留得住，关键要看员工跟团队是不是有同理心，包括自我驱动以及创始人的领导力对团队的吸引程度。

但是经过特别难熬的初创阶段，产品稍微有点名气、有点用户量的时候，留人才是更大的挑战。因为这些人本来是一个不太知名的团队的成员，突然变成了有名团队里面的核心骨干，先不说留不留的问题，有可能他们已经成为别人眼中的“猎物”。

在别人已经伸出新的橄榄枝，从薪酬、职位、今后的发展方向上，都产生巨大的外力诱惑时，怎么留住他们？这就需要创业早期有一定扎实的基础。比如说早期加入团队的员工，工资都不太高，但是作为创始人有没有足够的诚意把期权、股权作为早期的投入，绑定核心成员的利益，让他们在团队早期看不到前景的情况下，没有丰厚收入的情况下，用足够诱惑力的未来利益加以驱动。

当然，不能是一个太遥远的愿景。当利益看不见、摸不着时，就都是虚的，无法兑现。比如有的团队，跟员工谈期权，但不签期权认购书，然后每天都是不停地聊愿景，这样的愿景谁也看不到。比如从天使轮融到A轮能实现什么愿景，从A轮到B轮又能实现什么。哪怕是有一个设定的涨工资的时间点，或者明确期权退出点，等等。没有实实在在的利益兑现机制，对员工来说，一切都不现实。这种情况和创始人的眼界胸怀有很大关系。

徐小平老师曾对一家被投公司的创始人说过："融资如果要进入一个新的阶段，我建议让早期团队，包括你自己都退出一些。退出的目的，无非为了让早期的团队能够看到团队成长了，价值增大了，他个人利益回报有增加。如果增加的个人利益回报真能被他拿在手里，长期来说，团队就有一个坚定的、可依赖的继续往前跑的动力。"很多创业团队做不到这一点。

创始团队要有足够的自信心，适时给核心成员一定比例的退出利益，是为了让你的员工还愿意继续跟着你往前走。退出机制，就是让大家短期内能够真的实现一些利益回报，让你和员工有更远的路、更大的利益一起发展。

有的人会主动地去跟团队谈涨工资或者增发期权。目的是什么？他之所以愿意谈，实际上他是看到市场价值后，认为自己早期加入团队的付出值得创始人再给他新的认可。为什么有的人是在这个阶段主动出去面试？这不代表他马上要离开团队，要到外面寻求新机会；而是因为他在一年前、两年前加入团队的时候，创始人给他的价值是当期的，甚至要低于当期的。当他和团队一起往前奔跑一段时间后，企业有了发展，估值上涨了，团队用户量、产品知名度都有大的改变。那么，他与团队的整体能力也是不停上升的。在这个时间点，员工出去面试，更多的是频繁地看同行业或者跨行业的情况，重新认定自己的市场价值，寻找定位。

作为创始人或者创业团队的 HR，如果已经预判到潜在风险，需要冷静地判断，现在给他的定位是不是与市场持平。当一个创业团队已经有能力给他新的市场价值时，千万不要想着用高于市场的价值，换一个新人进来。新人并没有过和团队一起共同奋斗的经历，即便进来也是为了工资而来，既然为工资而来，也会为工资离开。

早期团队的核心成员去市场对标，也是想通过采集市场数据来判断团队究竟有多大的诚意留住他们。所以当创始人或者 HR 从社会渠道或者 HR 渠道知道核心成员在外面参加面试的时候，应该感到高兴。毕竟他们不是那种等到最后一分钟才告诉你接了一些 offer，要离开了的人，那样只会造成团队措手不及。团队首先会陷入被动，需要找人接替，其次还要消耗更多的时间成本培训新人，并且能否实现原来核心成员的价值都是未知数。

退回到在职的团队成员角度上来看，HR 每次发布新招聘时，需要考虑到这种对外招聘的价值能不能同向给在职团队一个竞争的机会。内部选择是一个留人的好办法，让内部成员有上升通道，降低很多招聘成本。即便 HR 还要找更专业、更高级的人进来，那也要给足团队现有成员发展空间，给够机会。在有新成员加入时，老员工会把自己的薪资待遇、职业通道和新员工自动对标，当他之前获得足够的机会并且有展示的空间，自然能更冷静地判断新员工的能力高低，自然也能接受职级、薪资的不同。

所以在员工的心态、工作质量上，创始人和 HR 都需要足够敏感，并且具备处理技巧，才能留得住现有的人。

薪酬杠杆怎么用

设定薪酬，需要 HR 关注什么，发挥怎样的作用？

在大企业，薪酬已经形成固定体系。每年都会有咨询机构，发布上一年度薪酬市场的调研报告，在其中可以对标相关行业的薪酬数据。不同的行业，不同公司的职能部门，按照学历、工作经历，都会有一个对标数据。

但对创业团队来说，HR很难参考以上这些数据。因为团队早期拿到的钱未必宽裕。所以在制定人才战略布局的情况下，需要明确每个季度甚至每个月的具体用度。每个月每个人有多少钱能花，才能够产生多少“米”入公司。

市场的薪酬体系，更多的只是参考。两三年前，很多创业公司基本是按照市场对标的数据，给创业团队讲一个特别大的愿景，然后工资砍一半，给个大期权。经过市场的泡沫期后，劳资双方都会回归理性，尤其是候选人，他知道之前的承诺方式兑现的风险性后，也就转而更关注当前的实际收入。这样的转变无可厚非，也是人之常情。

所以更多的人首先关注的是到手的现金。然后关心团队提供的保险、福利待遇，给予他在城市里打拼生活足够的稳定性。比如在北京、上海这样的一线城市，必须连续缴纳社保、缴纳个税等各种基础条件，才有机会获得居住证，甚至关系到能不能买车，孩子能不能上学等实际问题。

这些都是地域性特征的硬性条件，对于员工来说，都是必须去解决的问题。在初创团队，如果早期招聘拥有三年左右工作经验、二十五岁左右在婚育年龄的员工，随之而来的购房需求、生育需求，必然会带来经济收入同步增长的要求。

那么，我们能不能在目前创业团队现有的资金池里，用更高的性价比找到这些人，但是前提是要期待一致。其次，我们所提供的薪酬不能与市场价有太大的差距。一旦落差太大，也就意味着工作的稳定性弱。在没有足够的利益绑定，期权在早期又没法设定的情况下，团队很难留得住人，流失的成本就会加大。由此带来的中间断档期反而会大大增加项目的延误成本。所以，HR 需要有这样的理念：优秀的候选人值得支付更高的薪酬。

首先，我们可以搜集每一项工作的市场数据，设定一个界限，确定员工的个人薪酬可偏离市场薪酬和其他员工薪酬的范围。一般情况下在市场水平基础上上下浮动 20%，确实很超越期待的员工甚至可以拿到高于市场水平基础 30% 的待遇。

其次，以结果为导向。薪酬必须与结果挂钩。即便是同样的职位，薪酬也必须有差异。“一个了不起的车工工资应该是普通车工的几倍，但是了不起的软件编码程序员的工资应该是普通程序员的 1 万倍。”这是比尔 · 盖茨的原话。

甚至反过来我们可以这样思考，足球市场的转会中经常会有几个球员兑换一个大牌球星的现象。那么我们也可以这样来对优秀员工进行估值，你愿意别的公司用几个人换走你的优秀员工？当我们的数字超过五个，其实也就意味着要足够重视这个员工的待遇了，是否给足，是否有提升空间。

股权激励重在绑定核心

股权激励对于HR来说是一个大挑战。大部分人没有接触过创业初期团队，自己没有拿到过期权，现在进入创业团队，要设置期权、核发期权，帮助老板把期权说清理清，不是一件容易的事。

不仅是HR，很多CEO都不太理解。怎么在前期设置模板，在有模板的情况下，如何操盘每个关键岗位的比例分配，是否能在早期规划出合理的税费，将来如何退出等。HR应该用怎样的口径、方式与员工沟通，把这个期权真正释放到每一个想获得期权、已经拿到期权或者对期权价值认识不深的个人身上。

前期需要HR、创始人、法务、财务配合一起设定。在创业团队里可能法务、财务不具备这样的职能，公司可以借助第三方机构（律师事务所、会计师事务所）的力量来实现。法律设定的更多是模板，模板上有不少核心选项，退出机制、当轮估值、每一个阶段退出所对标的当期价格，等等。

律所负责企业确定选项后，生成模板。生成模板前，需要向企业阐明不同的选项带来的影响。如果一旦设定授予期限是四年，而且首期获得资格为48个月，那么就意味着员工要在企业工作满两年，才会获得第一期的回报，也就是有资格获得已承诺的 50%。有的团队规定一年就可以获得 25%，然后增加一个月或者是一个季度，分别又有 1/48 或 1/16 的额度兑现。

目前长期的激励有几点变化：

第一，过去很多激励仅限于高管，现在更多的公司已经覆盖高管、中层和核心员工。一般会预留出一部分股权给核心员工，A 轮、B 轮时扩展到中层员工，比如核心研发人才。

第二，确定多元化的组合激励方式，如期权、限制性股票、股票增值权等不同方式。目前市场上有很多种说法，归结起来就是股票期权和限制性股票两种。其他说法是口头上的一些约定俗成，我们在这里做个明确的区分：

1. 股票期权是授予激励对象在未来的一定期限内，以预先确定的价格和条件购买股票的一种权利。这种方案重在长期激励，使得员工不过于短视。期权方案的激励成本比较低，购买时有非常低的价格，这个价格的计算标准会参照现在公司的估值，一般在最新一轮融资的价格基础上打折。真正行权时，股票就成了有更大价值的股份。

2. 限制性股票。员工获得股份，但是股份匹配了相应的限制条件。在条件不满足的情况下（比如违约），股票会被收回。股权激励也有限制性股份，但是限制性股份一般授予创业骨干和合伙人，一般不会发给普通员工。普通员工的流动性强，如果发生离职情况，企业想要收回股份，法律层面比较困难。站在公司的角度，限制性股票的授予对象经常是那些稳定性较强的员工。限制性股票的授予对象如果满足条件，可以继续持有并变成真正的股东，一旦不满足条件，就立刻触发赎回条款，无偿赎回。

3. 股票增值权和股票。这是一种现金激励方式，公司给员工现金奖励，与股票增值关联。比如，公司发放 100 万股股票增值权，意味着两年后，这个股票增值部分对应的钱将以现金形式返给员工，这些员工不是股东，不享受股票的任何利益。

4. 突破性激励。一些企业拓展新业务需要启用一种合伙人计划，共同分享利润，或者获得跟投机会，享受分红。

第三，激励阶段化，通过设立时间节点以及对应任务，进行多次分成。

第四，个性化和差异化。以结果数据为导向（比如用户增长、留存、转化等），根据绩效不同，让优秀的人获得更多。可以是个人，也可以是小组、小团队等方式，并可以实现对应的奖励额度逐级增加。

想要达成理想的激励效果，需要慎重考虑如下几个问题：

对象：是否全部覆盖？

额度：兼顾公司的成长空间和个人业绩。

频率：持续周期和发放频次。

退出：当员工离开公司时如何退出。

这些机制设定直接影响被授予期权的个体在每一个阶段获得的利益回报。所以创始人要清楚初衷是什么，如果希望员工前两年与企业绑定得更紧密，那么可以获得资格的时间就较长。如果预判团队会飞速发展，一年就够，在这期间可能有些人自然会被淘汰，那么剩余的额度可以回流到期权池，用来招募更好的员工。

另外，为什么要关注财税？其实今后退出，还有未来海外架构，或者创业板上市，需要有长远的财税方面的设计。因为真到那一天，往往很多企业才突然发现要上无数的税。

对于HR来说，定位就会更灵活，更重要。有了法律模板、授予比例后，下一步怎么做？

深入一线与员工面谈。这个工作比较艰巨，期权授予要么不是全员，要么就是全员，每个人的比例、贡献度都不同，此前进入创业团队时，每个人对自己、对未来绑定利益的期许不一样。因此，需要针对二十个个体解释二十个模板。

企业真正授予员工的期权比例、数额，以及未来个人发展方向，目的就是激励。既然通过绑定长期利益去完成事业，一定要能够达到激励作用，如果达不到激励作用，就会适得其反。既然是一个激励手段、工具，就一定要让那些拥有的人认为是一种荣耀，这样才愿意跟企业绑定。暂时没有机会的员工，会因为看到别人拥有，自发努力争取机会。这才能达到目的。如果不是全员拥有，HR也要让全员都知道，能不能获得这份激励，要看贡献。在这个过程中，每一个财务、法务、HR 都要分别承担各自的职能，在法律层面提前规避风险，在税务层面制定相应合理的税务制度。

要绩效考核还是 OKR

谷歌有一个考核体系叫 OKR，这个系统更多的是员工设定目标任务，让整个团队集体完成的一个业绩考核标准。另外一种考核比较常见——绩效考核。OKR 是自下而上制订目标，绩效考核刚好相反，从上到下分配任务。我们经常会讨论绩效考核和 OKR 的应用方法。

在一次 HR 俱乐部的分享会上，乐纯的 HR 负责人分享了他们的做法，非常值得借鉴：

我们有一个项目管理工具叫 Worktile，在 OKR 管理中是一个辅助的工具，是一个短跑机制。每个人都有一个短跑任务，我们会把很多大型的项目拆分成每周任务，每周完成一个短跑，开一个任务然后去完成，完成了之后会有一个奖金。这一周如果给自己开了十个任务，那么这一周后团队开会复盘：哪些任务完成了，哪些没有完成，等等。

在里面可以实现步骤化。第一步、第二步是什么？员工只要保证三周全部完成了任务，HR 就会发放五百元奖金。但是任务不能乱开，HR 会监督检查。另外一个功能就是简报，公司鼓励所有员工每天写简报，比如今天完成的任务，明天要完成的任务以及需要得到的帮助。还有第四个就是可以提出建议、意见，然后告知相关负责人。

这样也就实现了远程管理，即便出差在外，也可以通过这个系统了解所有人的工作状态、遇到的突发情况、所需的帮助。每人每月争取写22篇以上，22篇以上每人奖500元，12篇到22篇不奖不罚，低于12篇罚500元。

另外，乐纯有一个小红花辅助管理技巧：每人每月会有四朵小红花，可以送给身边的人，必须写一个100字的理由，比如他帮到了你什么，你从他身上学到了什么，一朵小红花就代表100元。我们强调互相帮忙，小红花不能连续一直送给一个人，必须跨部门。

现在很多公司还在判断360度评估的价值。究竟是OKR，还是360度绩效考核，这个和团队所处的阶段有关。创业早期，创始人最清楚团队方向，招人、融资、定战略，这些核心的要素，都是从他身上往外发散，自上而下，那个时候更适合绩效考核。

当团队具备一定规模，每个人的工作职能相对明确后，建议使用OKR。首先是团队大目标明确，可能要30天完成产品1.0，60天要上线，或者一个季度要达到多少用户量。在这个大框架下每个人设定自己的工作目标：对技术类员工来说，如果一个月要完成1.0，那么前端、后端分别要完成什么，包括产品要如何对接，或者销售、BD（Business Development，商务拓展）以及运营应该做什么样的准备。这些都是让每个人能够在明确自己职能的情况下设定清晰的目标，通过平台展现给整个团队。老板控制大框架，每一个部门的核心人员实时监控部门目标，关注节奏进展。这个角色是承上启下的，不断地与各个环节的人进行磨合，不断试错，同时调整。

如果基架不稳推翻重做，就很难达到设定的目标，比如说原来每天工作 10 个小时，突然要赶工，整个节奏和人员补充，甚至分工都需要重新推演，在这种情况下，只有每个人都明确各自目标才能解决问题。

经常有这样的情况，如果对一个技术员工说三个月要达到某个用户量，时间离得很远，他并不清楚今天完成的事情对目标的价值是什么，甚至可能将来快到时间点了，任务还有很多没完成，再重新推演也来不及。

如果把他们分散到工作流中，那么每个人在节点上都很清楚自己的成果与关联同事的进度是否同步。如果不同步，是不是能尽快地碰面解决。因为创业团队人少，每天一个桌子上工作，忽然发现对方有问题，肯定马上可以商讨方案，可能 5 分钟开个会，马上落实，让整个节奏能从面切到线，再切到点。

我不太推崇创业早期使用 360 度评估。很多传统行业年终考核经常使用它。360 度评估针对的是个人的点，平行部门、跨部门对自己的评估，以及上下级对个人的评估，最后完成所谓 360 度综合评分时，我们会发现更多的是关系因素在起作用。

这里包括需要你帮忙的人，不愿意得罪你的人，这些评估的公正性会大打折扣。虽然看似彼此匿名评估，但员工之间都有心照不宣的默契，互相有需要，最后成了“你好我好大家好”的局面。这样评估又能真正看到什么？

如果真正转移到创业团队身上，首先团队没有大的标本，人数有限，互相评估意义不大。即便有问题，彼此也能放到桌面上快速解决，并不需要通过一个评估体系来反馈，而且效率太低。

所以，短平快而且公开透明的考核方式，能让员工明确了解自己在团队里的价值，越透明越会让不太努力的人慢慢自我淘汰，当他跟不上整个团队的节奏时，会被弱化，甚至优秀的人会主动提出来不愿意与这样的同事合作。那么，创始人就要保住优秀的员工，让不优秀的人实现自我淘汰。

PART 4

裁人比留人更重要

哪些员工
不应该再保留

哪些员工应该保留？

- 关键员工
- 高潜力员工
- 对团队有影响力的员工
- 对组织氛围影响大的员工

裁谁?

- 没有自我驱动力的员工
- 没有学习能力且凡事需要你教的员工
- 全身充满负能量，整天怨天怨地的员工

优秀的员工不能和普通员工并肩作战

我们先来回答几个问题：

你裁人有困难吗?

你的团队现在有多少人?

裁过多少人?

我们都很清楚，创业团队的早期员工很重要，所以我们花了很多时间在招聘上。即便如此，实际管理时也会遇到类似的问题：在做出裁人决定前，总是存有疑虑，是否是自己管理能力不足，导致这个员工出现问题，若是提升自己的管理技巧，就不会出现这样的问题。

首先，我们要明白，这个世界上有两种员工。

一种员工是你推着他们往前走，还有一种员工是他们推着你往前走。优秀的员工是会推着你往前走，是他们让你变成优秀的领导，而不是靠你推着他们往前走。

不要给自己设限，去假想那些优秀的人不会加入公司，而是自己去创业。这个世界上，优秀的人才很多，但不是每一个优秀的人都有创业的天时地利。认为这些人都会自己去创业，不过是一种假想。所以当我们怀疑自己的管理能力时，不妨逆向思考，一流的员工不需要外力驱动，他们在任何情况下，都不会惹事让人“擦屁股”。

可以从以下方面看出员工的自我驱动力：

对目标有多渴望？

是否坚信采取一些非常规方法可以实现目标？

是否能准确预判可能遇到的困难？

对责任、自己的价值和权限是否明确感知？

我们不是要分人的优劣，但需要接受这样的事实：确实有人比其他人差，要么不够聪明、学得慢，要么更懒或者性格有缺陷，要么心思在其他地方。团队要的是最优秀的人，不要太一般的人。如果没有优秀的员工，你永远没有办法成为优秀的团队领导人。并不是因为你是优秀的领导，就能把差员工都带到优秀。一颗不够好的种子，很难长成参天大树。

如果我们开始纠结一个员工是不是有问题，他多半是存在问题的。如果这个员工很优秀，团队的反馈更多的是这个人有多优秀，而不是纠结他有什么问题。

其次，创业者要做的是忠于公司，而不是忠于员工。

一个创业团队，不能只有创始人在学习，所有人都需要学习。招聘是为了节省时间，不是让团队的人花时间精力去当老师。如果一个员工不知道自我学习，或者凡事需要人来教，这个时候要考虑到我们的责任不是当老师，而是需要让员工有强大的自我驱动力自发解决问题。

创业不是为了仅仅做一个不错的公司、还行的公司，而是做一个足够有影响力的公司。公司是由人组成的，一切都依赖于人，找到一等人的加入，当然是不容易的，所以要创建一个伟大的公司非常困难。

很多公司之所以失败，或者沦为还行的状态，就是因为创始人忠诚于和他一起创业的早期员工，而非公司。一个创业公司的前五个员工是最重要的，很幸运的情况下，能够一路走下来，但更多的情况是，在每一个阶段会有新人加入，旧人离开。创业者的责任是把公司带向成功，不是讨好不适合的员工，不是做个老好人。

所以，对于一个早期团队，当作为创始人的你脑海里有以下想法的时候，需要考虑裁人了：

A. 员工态度很好，但就是学得太慢，是不是应该再给他更多的时间？

这就意味着他的态度很好，真的很难得，你还挺喜欢他，所以此刻裁人你会感到更难过。团队人性化不等于人情化，这样的员工继续在团队里，对他自己也是一种煎熬，对团队并无益处。

B. 员工做得不够好，但是没有他，事情就没法推进了。

不够好但却能留下来，也意味着公司的文化容忍“差不多”的态度。最好的办法，宁可让公司的业务慢下来，也不能让人继续留着。

C. 是不是管理方法出了问题，导致他的工作效率不高？

再强大的企业、再厉害的管理者，管理方法任何时候都有改进的空间，我们要学习的东西还有很多，但是这不是员工制造一堆麻烦的理由。

D. 是不是给他的压力太多了，扛不住了？是不是安排工作时说得不够清楚，员工才会有这样的问题？

如果员工是个优秀的人才，他自己会知道该做哪些事情，分得清优先级，既然他分不清楚，他就不是团队需要的人。

E. 重新招人的成本高，存在不确定性，是不是该将就着用？

重新招人，公司还有活下去的机会，将就着用，公司一定不会有前途。

此外，抛开以上的能力问题，每个员工或多或少都会犯错误，我们需要分清“好错误”和“坏错误”。当员工第一次犯一个错误的时候，这是“好错误”，我们需要鼓励员工犯“好错误”。但是，相同或者相似的错误出现三次以上时，这就是“坏错误”。任何一个团队都不需要犯“坏错误”的员工。

数据是最公平的指标。团队里有这样的情况，管理者忽略了员工的工作量。可能工作已经很饱和了，但是我们还在不断地给他加砝码。所以，让员工写工作日报，就能清楚地知道他任何时候的结果和状态。写下来的目的，是为留或裁做依据。

创业团队要做的不是人性化管理所有人，而是人性化对待优秀员工。前提是要有优秀的员工，不够优秀的员工只会消耗管理精力，消磨团队信心。一流的员工不能够和二三流的员工并肩作战，并不是优秀者不愿意，而是当把他们放在一个团队里，会产生“一加一小于二”的结果。

过了新鲜窗口期，开始释放负能量

团队裁人，未必都是能力问题，也有可能因为早期招人时认同了候选人的能力，但是对他的个性、性格缺乏清晰的认识。

一旦过了早期的新鲜窗口期，有些新入职的员工可能会释放负面能量。比如，每天的确是在工作，工作质量也还可以，但是每天在抱怨工作强度大、公司承诺不兑现、吃不好、加班不好、前景不好，等等。这是创业团队里的“毒药”，我们不把这些归结到人品问题，而是归结到性格问题。

团队在一边发展，一边招新，新人对整个团队的了解往往通过周边员工的信息发散。管理者不可能每天给他各种激励性质的“鸡血”，新鲜期一过，这些员工可能会开始传递负能量。负能量的破坏力可能要远大于自我驱动、自我发光所带来的正能量。当他们常年停留在团队，一定会不断影响、打压周围员工的创业心态和热情度，甚至在团队需要合力往前冲的时候，这个负能量让团队的凝聚力大打折扣。

有一个团队的负责人曾说过他遇到的困境：

HR 准备制定一个规定，即早上迟到三次就给团队买水果。刚发在微信群里，技术的负责人马上回复：我才不买！紧跟着连续几天迟到，公然不执行规定，还散播负面情绪。团队老大也很无奈，这个人职位较高，下属都在观望他的态度，很容易影响到一支队伍的向心力。这样的人，能力再高，工作质量再好，也需要赶紧找人储备，他在团队中停留的时间越久，团队的修复能力越差。

面对这样的员工，HR 裁人的时候很难用工作质量去判断，必须通过工作态度的角度商谈。一开始可以先给一个改正的方向和机会，只是往往很难有成效。工作能力是可以提升的，也可以通过培训给他新的空间发展，但不要想着很快去改变一个人的个性和性格，他会经常不由自主地释放这类负面信息。所以一旦发现这样的人，不管能力高低，还是要拔除“小毒瘤”。同时跟进几次团建，重新理清员工之间的关系，再招聘一些比较阳光的人进来，团队的气氛才会不一样。

创业团队人数少，影响快，能否同心直接关系到创业团队的战斗力。

有这么一个团队，因为资金不足不得不结算，结果是没有一个人拿到赔偿金，但是也没有一个人找创始人要赔偿金。这些人都是早期加入团队，一起经历过两次转型，不断地打拼、磨合。他们的私人感情、同理心都很强。

在团队转型的过程中，很多人在体力上、精力上都遇到巨大的挑战。很可惜，他们实在坚持不到最后。前一天还跟团队讨论接下来的运营计划，第二天创始人就不得不跟员工宣布解散。

当时我第一时间就去找他们的 HR，也想帮助他们。他们的 HR 很努力，还参与很多运营方面的工作。

我想尽可能地避免他们因为团队解散影响接下来的生活，在让员工能快速找到新机会的同时，降低因为突然解散可能发散的负面信息，对团队、HR 的工作以及 CEO 今后创业的影响。

实际上我的担忧是多余的。HR 反馈说，整个团队都有一起创业的心态，没有一个人因为这件事情站出来挑战 CEO，尽管无法避免失败的结局，每个人都还在帮团队想办法，尽力让团队重新聚合在一起。

后来这个 CEO 从国外回来调研新项目时，还和所有人保持联系。我相信这样的创业者如果今后还有新项目，他还会把这些人再接过来，实现补偿机会。

由此可见，团队的凝聚力会让团队在危机中变得更坚强，让重生从不可能变成可能。

初始团队中的老好人掉队

对于早期的创业团队而言，有时裁人比留人更重要。团队的初创期，在没有专业 HR 的情况下，招人往往容易出现偏差。要么是 CEO 或者 CTO 出于项目的临时需要仓促招人，要么是因为在招聘方面的不专业，很难判断对方是否适合，是否拥有长期的能力和资质，导致后期出现人才掉队的现象。

无论哪种情况，创始人或 CEO 都应该迅速做出决断。我专门给被投企业的CEO做过如何裁人的分享，主题就叫“裁人比留人更重要”。一旦发现早期招进来的人和团队不再合拍，或者这个人的能力已经跟不上项目的进展，身为团队的领头人，这时就要有裁人的魄力。

很多创始人在裁人时，心理上会非常不忍，毕竟这些人都是跟着他们和团队一步一步吃苦走到今天，有可能途中经历过特别难的难关，大家携手一起扛过来的，现在忽然要裁人，良心上肯定过不去。

但是，对于创业这样一件风险重重的事，比起感性的选择，理性的分析更重要。假如创始人意识到了这种情况，一定要及时地做出分析和判断。

首先要判断自己有没有时间和精力去培养这个人，如果有，就继续培养他，让他跟团队一起成长。如果没有这样的时间和精力，那就看团队里有没有其他职位更适合他，如果有，就让他转岗，让他做更擅长的事；如果没有，那就只剩最后一个选择：裁掉。

做这件事，一方面要有决断和魄力；另一方面，在裁人的时候，也要事先做足工作，包括心理上的疏通，为被裁的员工找好下一步就业的渠道，等等。

我之前所在的创业团队里，有一个技术员工，是团队早期招进来的前 10 号员工。他是我们的创始人从一个很大的互联网企业挖过来的工程师。刚进来时，职责太多，做技术开发、前端和后端，所有技术方面的事情都要管。在早期的创业过程中，他的个人能力非常有用，因为他具备全栈工程师的基础能力，不管哪一块缺人他都能够随时补上漏洞。但是工作了九个月之后，我们发现他的能力渐渐跟不上了。

其实，这个员工很敬业，发自内心地想要将创业这件事当成一生的事业去做，并且主动推荐候选人、宣传团队和产品。可惜他的技术能力、代码质量都不太好。我们曾经试过把他放到 Android、iOS、Java 等各个开发团队，结果都一样。每次针对他写的代码，都有团队成员来向 HR 投诉。后来，CTO 坚持认为不能再让他留在技术团队里，他担心这个老员工的存在，会导致团队后期招进来的人也在技术方面和他消耗精力，影响产品开发的时间节点。

从私人感情上来说，早期团队的人都感激他，喜欢他，因为大家曾经一起吃睡，一起熬夜，一起为了理想打拼，彼此之间交情很深厚。但是，他在工作能力上的确已经掉队。

一边是私人感情，一边是工作质量，这样的选择相当令人纠结。早期挖他的时候，创始人谈理想、谈情怀，让对方在报酬不高的情况下追随，现在却要开掉他，这对创始人来说也是一件痛苦的事。

所以，当时和这位员工谈的人是我。HR 在团队内部，相对来说是一个比较理性的职能，在创始人和团队其他成员交情深厚到不好意思当面提裁人的话题时，HR 要站出来履行这个职能。

HR 要做的事，首先是从多个方面着手，收集被裁员工不适合这份工作的理由；其次，在跟对方面谈的过程中，巧妙地用这些理由去沟通。

我当时和这位技术员工开诚布公地沟通，告诉他哪些工作做得不够好，在更换职位的过程中，团队对他也有一些不太好的反馈，经过几次换岗调岗后，我们发现他可能不适合这个团队今后的发展。我没有直接和他提及裁人，而是传达团队希望能够帮他找到其他的机会的意思，让他去其他地方发挥能力，对他个人的职业生涯或许更有好处。

沟通过程中，这位员工表面上镇定，但是手一直在抖，脸上的表情僵硬，他只说回去考虑考虑。第二天再见到他，能看出来他一夜没睡。虽然这是HR必须去做的工作，但是看到他的状态，我心里也不舒服。

想起一个新词SNOW，即staff no one want（没人想要的员工）。SNOW在通常意义里都是圣洁的代名词，但新的单词组合最后的寓意让人倍感寒意。这些“被抛弃”的staff曾经也是一腔热血加入新团队，作为一滴水注入江海，随浪奔腾，成为水蒸气后又被某种外力速冻成雪花，能不让人冷彻心扉吗?

接下来的几天，我不断地跟他沟通，因为他的状态已经变得不稳定，情绪也不好，在这样的情况下，我必须抓紧时间，尽快在心理上、感情上做疏通工作，让他理解这是不得已的决定，既是为了团队的发展、整体的工作进度和质量着想，同时也是为了他个人的职业发展。

另一方面，在跟他谈之前，就要帮他找好就业机会，不能让他离开团队就陷入失业的境地，替他尽量争取离职的各种补偿金。

对于这一类工作态度好又肯努力的员工，裁人的时候最好能够尽可能地缓和冲突，保护好他们的自尊心和未来。因为他们离开之后仍然是团队曾经的一分子，我们也不希望他们带着怨恨或负面的情绪离开，给团队的品牌和口碑带来负面影响。

创业团队规模小，裁掉其中一个人，必然会在其他成员之间引发一连串的震荡。所以，HR 在处理离职员工的问题时，要时刻意识到，在职员工会将这一切看在眼里。处理离职员工的做法将会影响到团队每一个成员对于团队的信任以及对于团队今后发展、团队领头人的看法。因此，和缓、善意的处理是首选。

还有一种情况，有的员工在工作上犯了触犯底线的错误，这时 HR 要快刀斩乱麻，在这个人给团队造成负面影响之前迅速解决问题。

创业团队在处理裁员的问题时，为了避免尴尬的局面，还可以采取一些折中的方法。比如，团队和员工都还在想办法努力解决问题的时候，尽可能让员工先休息一段时间，冷静一下。让他们先离开熟悉的工作环境，转换一下心情。这样做的目的也是为员工着想，在团队其他成员已经知道裁人消息的情况下，被裁员工的情感和心理比较敏感。所以，HR 在裁人时，只要开始面谈，就应该尽快剥离他们和团队之间的工作关系，这是冷处理的方法。在此期间，再迅速地去推进离职方面的文件、补偿措施等。

总之，态度要和缓，但是做法要干脆利落。前期和员工面谈的过程中，补偿措施最好已经量化到离职文件中，然后员工认同并当场签字。当场签字，可以避免员工在得知信息后，再从其他人或其他渠道得知更多相关信息进行对比，下一次和 HR 谈又提出新的条件。这样一来，流程慢、长，沟通过程也会变得更艰难，最后容易激化团队和离职员工之间的矛盾。

遭遇壮士断腕

裁员有很多原因，但是大规模裁员，通常只有一个原因：现有的资金养不活团队了。我把这种裁员称为“壮士断腕”。

壮士断腕是为了活下去，但是如果“断腕”不慎，人也有可能活不成，全盘皆输。

我原来在高朋期间经历过这种“断腕式”的大规模裁员。当时出于同行之间的恶性竞争，无计划的城市和人员扩张，烧了太多钱，而下一轮融资还未到位，原有计划失控，短时间内也养不起这么多人，只好裁员。

做这一类裁员，最重要的是要有完备的计划和预案。比如说在裁员的时候，销售、PR、HR、法务，这些职能部门都应该联合起来，共同处理大规模裁员可能对市场、品牌、团队造成的负面影响。假如什么准备都没有，管理层就对 HR 简单粗暴地下达命令，如“近期裁掉几百人”，HR 也不做任何计划预案，想当然地执行裁员工作，那就很可能给企业带来毁灭性的后果。

因为大规模裁员和一般的裁员比起来，最大的坏处在于，一旦宣布裁员计划，被裁的员工很容易因为相同的处境而集结。原本只是个体，如果只裁掉其中一人，那么这个员工还有可能为了得到正面的评价或更多赔偿金而有所顾忌，但是一旦大家因为裁员一事而集结成一个团队，这个团队就会变成一个极端的舆论传播的源头。

在当下的互联网社会，被裁员工集结起来通过自媒体发声，通过各种传播渠道披露负面消息，这会给企业品牌和舆论，甚至创始人、合伙人的名声造成不良影响。而且经过多方传播，网络上的信息很难被消除，造成的影响往往很长久。比方说，以后创始人再去创业，受到关注，大家一搜，发现以前的负面信息，很容易对创始人的诚信产生怀疑。

另外，这种集结还可能引发大范围的劳动仲裁事件。本来，裁员这件事可以通过正常的法律手段及赔偿程序来完成，公司内部也可以通过跟员工沟通，用很友好的态度争取员工的理解。但是，员工集结起来之后，群情激愤、矛盾激化，原本可以和平解决的问题，一下子变成了必须通过仲裁来解决。这样一来，不仅品牌受损，企业的财务损失也很大。

而且离职的这些人，往后会不断地向外界或者在职的人反馈这些愤怒的情绪，从而影响到在职团队的工作。团队再开展招聘工作时，候选人可能会通过以前在职的人做背景调查，假如调查的结果都是负面信息，那也会影响候选人加入这个团队的意愿。所以说，一次不理性的、非专业方法处理的“壮士断腕式”的裁员，所造成的影响是很深远的。

前段时间我接触过一个大规模裁员的案例，是一家拿过四轮投资的创业企业，因为资金链断裂，一次性裁员六百人。这家企业当时犯了几个比较大的错误：

一是裁员的时机不对，赶在春节前裁员，造成很大的抱怨；二是规划不到位，各个部门没有提前联合，导致裁员工作做得很混乱；三是转嫁责任，将这件事的责任归因于投资跟不上，让投资人背黑锅。

这些问题造成的结果是，被裁员工集结起来，做了很多非理性的事，包括在各种自媒体渠道上骂创始人不靠谱、HR 不专业、赔偿不合规定等。

同类的案例还有很多，这是很多初创团队在快速扩张和发展过程中很容易遭遇的问题。归根结底，还是资金和人力规划不到位，这也是初创团队很容易忽略的问题。红杉资本的高管曾经说：“创始人在初创团队需要具备的一个核心能力就是要会用钱。”

比如高朋的案例，团队的 CEO 在早期就应该预料到最坏的结果，然后为了避免最坏结果，提前做好资金和人力资源的规划。

做好规划需要弄清楚几个问题：团队目前的人数，维持半年需要多少钱？维持一年呢？假如在此期间需要扩张，人员的成本是否能够维持？从销售、市场的角度，可以扩张多少倍？这样的扩张需要花费多少成本？如果要支付这些成本，需要多少资金？目前的资金现状是什么？未来的半年或一年又会是什么状况？是否允许项目往扩张的方向走下去？能走多远？从管理层到财务层面，再到人力资源层面，这些数据都应该清楚地计算出来。

作为创始人，会不会看财务报表并不重要，但是至少要知道账上的资金能不能养活团队，能不能维持近期的发展。

在真格内部被投企业的分享会上，我曾经用这个案例，给创业团队支了一些招，希望大家引以为戒，少走弯路。

第一，多跟投资机构的负责人沟通，寻求投后团队的帮助。这样一来，不管是从市场、财务、法务，还是从资金上来说，都能得到一个调整的空间。

第二，针对资金缺乏的问题，早期就要有危机意识，要把人力规划做好。每个阶段实际要用多少人以控制人力成本，同时要控制好现金流，知道自己的钱花到某一个阶段的时候，风险预警是什么。这样才不至于到最后一分钟发现没钱了，手忙脚乱。

第三，保持核心团队的团结和一致，培养共同承担危机的意识。否则在裁员时，管理层分崩离析，那创始人就真的孤立无援了。

即使创业团队在这些方面做得很好，也很难避免人才的流动。因为在团队的初创期、成长期、发展期，对核心人才的需求截然不同。所以，基于人才储备和重复利用的考虑，我们作为投后团队，打算聚集投后企业的资源建立一个“人才池”。在这个“人才池”里，永远保持适合不同阶段的创业团队人才。比如可以将那些从快速成长的初创团队里掉队的人，放回到“人才池”，然后对接给其他初创企业。因为这些人并不是缺乏才能，只是他们的才能更适合初创团队。或者当创业团队发现不适合的人才时，创始人或 HR 首先要尽可能为他们提供其他机会。如果提供不了，就可以送回到投资机构建立的“人才池”里，让投后团队的人推荐他们去更适合的团队。

这样的事，单一团队没办法做成，因为单一团队没有那么多资源，也没有向下可以接替的储备团队。但是在投资渠道里，这是一种能够实现的创新。无论是对 B 端的企业，还是 C 端的候选人，都是一个很好的模式。

并购或接盘人如何进行人员重组

在企业并购的过程中，两队人员之间的重组，意味着两个不同团队之间价值观的整合。作为 HR，面对重复的职位，需要做出整合、调整，需要让两个团队的基因、两个团队的人，在新的职位上迅速地融合，这是件很不容易的事。

尤其是文化比较强势的企业被并购的情况下，在人员重组的过程中，来自文化强势企业的员工很容易形成独立的小王国，难以融入大的团体。

我在高朋期间，经历过F团对高朋的并购。起因是腾讯决定将它生态下面所有的团购都整合起来，包括QQ团、高朋和F团（高朋和F团都是腾讯合资），三网合一。QQ团的人员在并购之后基本上都被分散了，然后我们纠结的是高朋并购F团，还是F团并购高朋。从后期双方人员的整合情况来看，可以说是F团并购了高朋。

相对于F团，无论从人才还是产品，高朋都略占优势。当时高朋招了很多海归人才，人员的总成本要高于F团；而且在团购电商领域，高朋是第一个，也是唯一一个使用先进系统管理销售数据的企业；同时它还自己花钱买服务器，自己搭建客服中心，高朋网站的设计风格，也是同行经常抄袭的对象。

高朋的一批人，后来一部分去了F团，一部分离职了，另外还有大部分人转去腾讯。我是属于离职的这一部分，因为我认为F团这个平台与我个人的职业需求不符。转去F团的财务回来跟我抱怨，在高朋一个员工半天就能完成的工作，去那边之后，一个三人小组做了一个星期都没做完。

这是不同的企业团队之间各方面的差异所致。一般来说，当一家企业被另一家企业并购时，都是被并购企业员工努力适应并购企业的文化和价值观。HR 会专注于让被并购企业的员工尽快熟悉新企业文化、企业价值观、管理风格，以及绩效考核方式，让员工尽快调整原来的工作方式，快速适应新企业。

同时，重新考核员工，调整职位，尽量让被并购企业的员工都能够匹配与自己核心竞争力相符的职位。简单来讲就是：人尽其用。

如果被并购企业以及从这家企业出来的人才更具优势，那在人员重组的过程中就容易遭遇阻碍。比如，高朋团队的一部分人员转去腾讯之后开始做易迅，后来易迅又被京东收购。在腾讯这样的互联网巨头工作的人，无论被并购到哪家公司，都可以算作“屈就”，更何况在国内 BAT 三大巨头中，腾讯是人文关怀做得最好的一家。从对实习生的培训、对离职员工的照顾，到内部的员工福利、员工关怀，都做得相当好。腾讯的很多员工都把腾讯当作自己的家一样，认为自己一辈子都会在腾讯工作。因此腾讯内部的很多人都感到迷茫，有不少人在社交平台上转发“腾讯是我家，但以后再也不是了”的文字。

因此，当这些自带“腾讯基因”的人离开腾讯，解除工作合同，转入新东家之后，往往因为两个团队的基因碰撞，导致人才流失率非常高。一方面，腾讯的员工觉得自己“出身”更好，能力更好；另一方面，京东的员工也会认为自己才是“一等公民”，外来者只是“二等公民”。而那些真正想在新团队做出一番事业的员工，也会发现他们得到的是更少的信任度和价值感。

互联网行业变化很快，不管是哪家企业，都有可能面临多元化重组的境遇。有时仅仅因为有新的投融资机构介入，都会产生人员合并的可能性。作为 HR，在人员重组过程中，需要注意以下几个问题:

首先，判断哪些人值得挽留，哪些人可以辞退。一般来讲，核心技术人员和核心管理者，是必须挽留的对象。因为前者掌握了企业发展的关键，后者则可以稳住大局，影响其追随者。辞退的员工包括重复岗位冗余人员，以及其他不符合新企业发展方向的员工。

其次，并购后不要立刻裁员，给所有员工一个选择的机会，同时也给大家一个表现和适应的机会。在这个时间段能够尽快掌握并适应新企业文化的员工，值得留下。

再次，在新企业刚刚重组的动荡期，要注意及时劝服那些愤怒不安、消极怠工、动摇军心的员工。

另外，HR 要帮助员工尽快调整心态。欧美的很多公司，会引进第三方专业咨询公司的“员工帮助计划”，来帮助员工解决职业心理健康问题。国内实施起来会有难度，但是 HR 在安抚团队人心这份工作面前应该当仁不让。

最后，并购企业应当给被并购企业员工的职业发展做出各种安排，如果员工选择要走，原有企业没有兑现薪酬或赔偿，那就应该由新企业给出一定的经济赔偿; 如果要留，那就在薪酬、职位方面，双方协商，在原来的合同上进行变更。

裁人的挑战

用舒服的方式，站在中间立场裁员

无论多么资深的HR，都会认为裁人是一件棘手的工作。即使丰富的经验足以让他们灵活应对各种状况，但是从心情上来讲，也多少会有几分不情愿。

我在高朋期间，可以说是把上辈子要招的人都招完了，同时也把下辈子要裁的人都裁光了。当时，正值“千团大战”，美团、满座网、F团、窝窝等各家团购网站都在拼城市扩张、烧钱圈用户，高朋也参与其中。在团队快速扩张的过程中，我们三个月招了1000人，到半年的时候已经招了3000人，全年的总到岗人数超过6000人。

在这个只有烧钱没有收入的过程中，投资方逐渐力不从心，于是要求我们着手优化。所谓的优化，就是裁员。

首先是砍掉效益不好或单纯为竞争战略而进驻的城市分部，目标主要是三、四线城市。这些城市的用户总量、商户数量有限，多家团购网一窝蜂涌入，抢占市场，打价格战，相当于一场恶性竞争，对于公司来说有害无益。并且每座城市都要租一个办公地点，养一批团队，成本非常高。所以投资方要求我们做测评，哪些城市是可以长期发展的，哪些城市是恶性竞争的产物。完成测评后，直接撤去发展模式不健康的城市分部。

然后，公司要求HR部门做一个重新梳理组织架构的方案，这个方案我们花了一个半月的时间才完成。在这期间，每个部门都要访谈一遍，所有职位、职能、KPI(Key Performance Indicators，关键绩效指标)考核制度、销售团队的整体规划等，全都重新做梳理。到那年年底，正式开始裁员。

这一次优化对HR的挑战很大。对于投资方和公司的决策层很简单，他们只是从公司利益的角度考虑，决定舍弃团队的一部分。但是对HR来说，面对的都是一个个鲜活的人。

当初，他们是冲着公司的发展而来，为公司做过不少贡献，甚至有些不是主动投靠，而是HR部门从别的公司挖来的。每一个人，我们都跟他们讲过公司的目标、愿景，许诺他们在团队中的发展前景，能够提供给他们的各种可能性。有些人刚工作几天，总部一声令下，团队裁掉、部门砍掉，这种事会让HR相当纠结。

我当时负责做这件事情的时候，工作地点是在总部，但是我一直把行李箱放在工位后面，随时做好出差奔赴“战场”的准备。

整个HR部门压力很大。一方面，必须先调整好自己的心理状态，考虑怎样才能够站在公司和同事的中间立场上把这件事做好，让自己招来的人在最舒服的状态下离开；另一方面，在执行好HR职能的同时，还要考虑如何维护公司的稳定和发展，不能让这件事引发团队动荡。

在裁员的过程中，会遇到各种各样的状况。尤其是那些直接关闭城市分部的计划，需要强大的部门联动。这些城市有很多遗留的订单、合同需要结算，也需要处理被裁员工的离职和赔付问题，公司的舆论和形象也会受到损害，法务部、市场部、公关部都需要介入。除此之外，还有可能出现突发的状况，比如有些城市分部的负责人扔下 HR 直接跑了，还有的被裁员工带着家属到公司闹事，这些问题都需要 HR 部门帮助解决。记得一个二线省会城市裁撤时，担任区域经理的美籍华人丢下一纸“关闭城市办公室”的公告不辞而别，HR 经理临危受命承担了总部的裁撤后续安排工作，此间有些同事针对 HR 做出了一些过激的行动，从言语的谩骂到把 HR 人员锁到办公室不给水喝、不让出门来表达愤恨。HR 经理是位三十出头的男士，在此期间一直通过和总部沟通，边缓和员工情绪，边为大家疏通赔偿的流程，最终获得了大部分员工的理解，顺利处理了此次危机。

那段时间，公司的微博、我自己的微博、老板的微博，都经常有人写负面评论。比如有一次，老板发微博说自己在三里屯吃面，立刻就有人回复：“你把我开了，还有脸吃面？！”

如此大规模招人和裁人的经历，不是每个 HR 都能遇到的。我在这段特殊的经历中遭遇不少挑战，也有很多收获，当时面谈过的不少离职员工，现在都成了朋友。

在 HR 圈里，曾听过这样一件事：某家公司有一位女性员工，因工作表现差，公司打算要裁掉她时，她通知公司自己怀孕了。这个裁人计划就变成了棘手的突然事件，因为在员工怀孕期间辞掉对方，容易演变成一场劳资纠纷。

怎样才能够在既不伤害公司利益，又不伤害员工的情况下达到裁人的目的？在现代信息社会，员工所了解的常识并不比 HR 少，有的人可能在和 HR 面谈之前，就事先汇总了所有相关的信息。比如他们可能知道一些案例，在哪个阶段哪种状况下能够拿到几个月的赔偿金，如果是孕期阶段会得到什么样的补偿，如果是生产期、哺乳期，可以向公司开出什么样的索赔条件等。

HR 在面对类似的问题时，要怎么处理呢？

首先，态度要好。其实很多被裁的员工之所以最后去法院仲裁，不是因为赔偿金不够，而是因为 HR 沟通的态度有问题，让他在心理上感到接受不了。

正常情况下，HR 对待被裁员工都会尽量语气委婉地传达消息。但是在沟通过程中，面对员工的负面情绪，HR 也有可能被激起不良的情绪，虽然表面可以克制，但是言语和态度中难免有所流露。员工这个时候正处于低自尊的状态，极度敏感且容易被触怒，所以 HR 在裁员面谈的过程中，一定要时刻注意言语措辞。

其次，保持理性。在面谈过程中，措辞和语气都要和缓，有人情味，但在涉及具体事情和细节的时候，要清晰表达且有足够的条理性，这样也有利于让对方理性地对待问题。

再次是立场，HR 虽然是代表公司的立场，但是在和被裁员工沟通的过程中，也要同时站在员工的立场思考问题。一方面，要让员工知道裁员的决定不是 HR 个人意向，而是公司的决策。这样一来，员工的矛头就不会对准你，也不会对你产生情绪。就怀孕员工这件事来说，HR 还应该让对方知道裁员的决定不是针对怀孕这件事，而是针对职业表现。另一方面，要让员工感到你是站在他的立场上帮他向公司争取权益，让他对你产生共鸣和感激。尽量让事情在私底下达成和解，既让员工感到满意，又不损害公司的利益。

总之，在当下互联网快速发展的时期，企业的扩张要讲求策略和战术，盲目烧钱式的扩张带来的是企业品牌的受损、储备资金的耗费，甚至是企业发展的止步。学会做好人才战略是创业初期的必修课。

HR 与团队负责人如何事先统一立场

在大多数员工眼里，发工资时 HR 是可爱的大好人；裁员时，HR 就显得面目可憎了。裁员确实是个负能量爆棚的话题，对 HR 而言却是不得不背负的沉重责任。HR 常常尴尬地发现，一旦工作场景切换到裁员模式，自己的对立面突然站满了人。

这时候 HR 头脑一定要清楚，必须和团队负责人提前沟通，统一立场。正因为在裁员前没和团队负责人沟通好，我在高朋有过一次尴尬的裁员经历。当时公司确定了裁员指标，分到部门主管，要求按照一定的比例完成裁员。某部门的两个负责人是海归，日常对团队的管理以宽厚待人出名。任务刚下来，他们就瞪眼，摆手："不行不行，我做不了。"为了让下属好好干活，他们平时的工作状态以鼓励、安抚为主，时不时带同事聚餐。有些员工暂时没有住处，他们甚至带回家里住。

但总部的要求是团队必须精简，让他们非常痛苦。可我当时没有太多精力去关注他们的纠结，结果就发生了意想不到的一幕。那天，被裁撤的候选人是部门助理，由我和她沟通。裁员面谈时，我和这位助理并排坐，她的主管和副主管坐在我们对面。当我讲完公司的相关决定，女孩一时没有表态，陷入思考。突然，她的主管趴在桌子上哭了起来，我诧异地看过去，另一个副主管眼圈也红了，两位主管瞬间情绪失控。我只好中止了这次裁员面谈，这也促使我反思到底哪里出了问题。后来，我和两位主管以及他们的上司进行沟通，才发现症结出在前期工作没做到位。

一般来说，HR 要协助管理层进行裁员面谈，但是所谓的"协助"，不仅指 HR 要与员工进行直接沟通，还包括 HR 要做通管理层的心理工作。

如果这种心理工作没有做到位，很容易让管理层对公司决策产生抵触。这样不仅影响裁人进度，也降低整个团队的士气，还会为未来 HR 在团队中开展工作带来阻碍和隐患。HR 在这个时候不应该让自己看起来像是一个铁面无情的决策执行者，也不要和员工、他们的管理者站在敌对的一面，而是先想办法转换团队管理者的立场和态度，先把管理层的人拉到自己的“战线”，再做裁人的工作。

那一次失败的裁员面谈后，我让被裁的候选人先离开，然后召集这个部门最高负责人，和两位主管一起深谈了一次：

第一，向他们道歉，这件事是我们 HR 部门没有做到位。

第二，告诉他们在这种情形下，身为部门主管、公司的管理层如何换位思考。从专业和职业的角度看，管理层代表公司、团队，裁员通常是一个与公司的利益和未来发展计划息息相关的决策，身为团队的领导者，应该更多从公司利益出发考虑问题，站在公司的立场积极解决问题，不能掺杂太多个人色彩，把自己的个人喜好带进职场。

第三，详细地说明了裁员的原因，出于公司的战略性调整，组织架构也需要相应做变动，需要淘汰掉一部分表现不好的人员。至于淘汰的标准，我们会根据人员结构、职位的必要性和重要性以及过往工作成果等因素，综合做出相应的等级排序，从中选出表现相对较差的员工。详细说明之后，让这些管理层、团队的负责人明白，留下的员工和裁掉的员工之间的区别所在。这样一来，他们会更理解 HR 的工作和公司的战略，并且在以后的工作过程中实现更好的平衡。

第四，分享 HR 裁员的话术。对很多非 HR 行业的人来说，这些话术比较陌生，事先让团队负责人了解，能够提前有心理上的准备，不至于认为裁员这件事残酷无情。比如，我们会向被裁撤的候选人强调，并不是因为你们犯了错或者不够好才裁掉你们，你们也是公司耗费很多心血和资源引进的人才，只是出于公司战略调整，不得不出此下策等。

第五，要提到对这些即将被裁撤的人员，公司会给予合法合理的补偿。这也是对管理层、团队负责人的安抚，毕竟被裁的员工都是他们亲自招聘进来，亲自培训，手把手带了一段时间的人。事先明确他们能够获得的补偿，团队负责人的心里会少些负罪感。

这样的谈话是一个心理疏导的过程。HR 在处理这件“吃力不讨好”的事情时，一定要从各个维度去考虑，让谈判的过程变得和缓，减少最终的结果带来的冲击，同时协调好相关人员的心理状态，这对公司品牌、员工士气、团队凝聚力都是一种保护。

具体到裁员这件事，HR 在和团队负责人统一立场的过程中，还有几个要点需要留意：

第一，明确自己的立场，HR 只是作为一个参谋和职能部门来执行公司的决策，并不能独立行使任何权力，所有的裁员决定，都是公司决策管理层做出的。

第二，依照公司决策制定裁员名单时，多和部门主管、负责人讨论，让他们参与进来，或者直接参与提名。

第三，短平快，裁人的决定一旦下来，不要拖延，立刻着手安排沟通。

第四，所有的细则和规定，后续的补偿条目都要明确、公开，和部门管理者或团队负责人一起清晰地传达公司决策，不要给谣言生存的土壤，不要让员工之间蔓延恐慌或不安心理，从而影响正常工作。

第五，裁员正式启动前，做好所有部门联动的配合工作，HR 部门做好文书模板，公关部门做好负面信息的处理预案，财务部门准备好薪资和赔偿的资金，销售部门做好后续服务客户的跟进，等等。

从法律角度，如何提前做准备

裁员这件事，对于任何一个团队来说，都是不得已而为之，一般都作为终极手段使用。因为无论是对于员工来说，还是对于团队或 HR 来说，裁员都会带来一定程度的伤害。

高朋的被裁员工因为对公司的领导层怀有怨恨，将我和老板的个人信息、账号都直接公开到网上，给我们的正常工作和生活造成很大的困扰。对于这种报复式的行为，我很理解，毕竟在他们看来，失业都是公司领导和 HR 的错。但是，从另一个角度看，无论是 HR 还是老板，和被裁员工并没有私人恩怨，也都是为了完成工作，即使老板是战略制定者，也是为了公司的生存和发展。

裁员只是手段，不是目的。为了避免走到这一步，每一个创业团队在初创期都要做好阶段性的人力规划，制定好组织框架和战略计划，招募员工时，严格按照计划来，对员工的培养也要订好细化的方案，尽量让团队一起走得更远。

多数创始人都是第一次创业，经验不足，易犯错误，计划总是不如变化快，很难完全避免裁员的发生。真的走到生死关头或者团队变革、战略变革的节点，或者意识到自己在招人时看走眼，也要当断则断。尤其是在法律方面，需要提前做好准备，不要留下漏洞，给后续的工作造成麻烦。

在裁人时，可以讲人情。比如前面提到的案例，辞退的员工突然发现怀孕，从法律角度来讲，公司不用承担责任，但是得知这个事实后，多给怀孕的员工一些补偿，这是人之常情，员工也会因此感到满意，减少产生纠纷的可能。但是讲人情也不能太过，毕竟企业和员工之间，本质上是一种契约关系，目的是互相满足对方的利益和需求。

有的 HR 会认为，团队的成员之间感情深厚亲如一家，裁员本就伤感情，这个时候太讲规则，太看重章法，容易让团队关系陷入低谷。其实并非如此，涉及利益的事情，不管是企业利益，还是员工个人利益，都应该事先明确，这是于双方都有益的事。法律上有依有据，专业地去处理这件事，才不会最终演变成难堪的局面。

从专业角度看，裁员有可能会成为一种职业，也就是说，有一类人专门为企业提供第三方裁员服务，服务内容包括收集数据、裁员面谈，以及处理相关的文件和法律手续。

美国电影《在云端》讲述的就是这样一个故事。在美国经济萧条时期，全国上下出现大规模的裁员潮，由此孕育出一个新职业——第三方的专业裁员人。电影男主人公从事的就是这个职业，专门前往各种大型的集团公司，承担“裁员实施者”的职能。

很多企业之所以愿意任用第三方裁员，是为了避免内部人员执行过程中可能遇到的麻烦。比如，要裁掉的员工本来是由 HR 或创始人招进来的，HR 或创始人这时又去找对方谈离职，很容易引起反感和敌对情绪，被裁员工认为自己处于弱势或受了委屈，引发的后果可能是纠纷、诉讼、赔偿等，最终结果就是公司的利益受损。但是，如果任用专业渠道和专业工具化的处理方式，让第三方介入这场谈判，就能够最大程度地减少纠纷和矛盾。

尤其在裁撤中高端职位的员工时，关于辞退理由、赔付、公司业务的保密等问题，都需要做很充分的前期准备：良好的处理手段，以及齐全的、具有法律效用的手续和文件。《在云端》这部电影的男主人公，在做这份工作时非常用心。比如在裁人之前，他会做很多功课，包括详细调查对方过去在团队中的表现、工作考核的数据，甚至这个人的性格、个性，然后才开始谈判。

谈判的过程通常较耗时间，他面对的是一个个不同的个体，每个人的个性都不同，现实状况不同，要采取的谈判手段自然也不同。具体而言，需要做这样的准备：

首要的书面文件是离职协议，包括解除劳动合同的协议、离职的赔偿协议等。这些书面文件最好能由专门的律师制定，每一个条款都要明确并且符合法律程序。

解除劳动合同一定要有书面的通知，不能口头通知，后者缺乏法律效用。更重要的是，口头通知没办法确定员工在职的“Last Day（最后一天）”是哪天。

以书面文件的形式确定“Last Day”究竟是哪天，目的有两个：

第一，确定解除劳动合同的时间。避免交接工作出现混乱，也能避免员工在得知自己被解聘之后直接离开，相当于以法律的形式约束员工，防止日后出现离职纠纷时，没有书面的证据或证明。

第二，确定离职补偿金的数额。书面通知生效后，公司需要以“Last

Day”为界，算出工资、员工保险的支付金额以及离职赔付的金额。所有这些，都需要精准量化，明确地写进离职协议。

公司和员工，双方拥有对等的权利和义务。离职协议中除了规定公司需要对员工做出的赔付外，员工也需要做出承诺。比如如期完成交接工作，不泄露公司机密文件和相关业务内容。并且协议中应当写明，如果没有完成这些承诺，公司有权向员工追讨，索要罚金。

在裁员面谈的时候，这些事项都要讨论清楚。谈妥之后，立即以书面文件形式呈现，双方当面签字，即刻生效。

员工违不违规，得有判断标准

如果最后不得不劳动仲裁，仲裁委员会一般会希望企业尽可能跟员工进行协商，如果协商不成，就仲裁的结果而言企业方通常都是弱势一方，员工方通常会优先受到保护。

所以无论如何，企业都应该尽量避免出现纠纷，一旦出现纠纷，仲裁、赔偿不算大事，最可怕的是被裁员工失去理智，做出偏激行为，严重损害公司利益。

一个团队的CFO（Chief Financial Officer，首席财务官），创始人在招聘他时判断不够准确，以致于在团队的快速发展过程中，CFO给创始人的支持力度始终不足，经常上班时间刷淘宝，实际工作对团队的帮助也不大。新入职的 HRD 在梳理整体组织架构并进行人员优化时，发现 CFO 存在问题，于是汇报领导，建议裁人。

领导批准建议，但是没有明确对 HRD 表示支持，也没有做 CFO 的工作，直接就把所有事情交给 HRD 去处理。由于缺乏高层支持，HRD 只能靠自己谈判，但是 CFO 很强势，倚仗自己是团队“元老”，拒绝被一个新来的 HR 开除。

HRD 由于经验不足，一直采取比较激进的处理方式，以致于 CFO 情绪激动，几次谈判都没有达成一致的意向。最后，在 CFO 离开的前一天，他一怒之下把公司的工资表群发给了整个团队。

这样的行为当然没有职业素养。作为一个 CFO，能够接触到团队第一手核心数据、机密文件，他的举动是自毁职业前程，没有一个团队还敢再雇佣他当 CFO。他的下一站公司如果通过背景调查得知此事，恐怕也不敢雇他。我还见过一个技术人员，由于和负责人谈崩，离职之前把团队代码开源到一个圈内渠道。这都是情绪失控做出的自毁行为，这样的举动对公司和团队伤害更大。如果员工都知道彼此的薪资，将给团队管理埋下一颗不定时炸弹；泄露技术代码的行为更可怕，可能直接导致团队失去核心竞争力。

裁员这件事可大可小，关键是要把控好处理方式：

第一，在对方情绪激动时，注意不要激化矛盾，要尽可能使用安抚性策略。

第二，对于不同员工，使用不同的对策。

第三，HR、创始人或团队负责人需要清楚员工如果有情绪，或者要闹到仲裁的地步，目的是什么。

一般来说，目的有三种情况：一是对赔偿金额不满；二是内心不满，认为受了委屈，这时需要安抚；三是要一个说法，要老板的正面评价。对被裁的员工来说，这是职业履历的一个劣迹，重新找工作时，背景调查需要正面的评价，这会直接影响到未来的职业发展。

了解目的之后，就能够针对不同员工的情况制定有效的对策。如果只是一味地想快刀斩乱麻，比如对于想要正面评价的员工一味补偿金钱，或者对于想要赔偿的员工只做出口头安抚，肯定收不到预期的效果。

当然，并非所有对赔偿金不满的员工，公司都应该增加赔偿。假如员工有违规行为，或者犯了重大错误，依照《劳动法》，企业辞退该员工无需赔偿。在这种情况下，公司要有足以说服人的翔实证据，要确保万一需要劳动仲裁，这些证据经得起推敲。

如何判定一个员工是否违规？违规一定要建立在有明确规定的前提下，而且这些规定事先经过双方认可。以出勤为例，创业团队大多采取弹性上班时间，在没有明确规定的前提下，就无法判断员工是否按时出勤，是否迟到，甚至是否加班也没法判断。

除非团队有明确的规定，比如早上十点上班，晚上七点半下班，中间有一个半小时的休息时间。如果有员工迟到两次就会收到口头警告，三次会收到书面警告，如果书面警告超过两次或三次，就会被开除。这些规定需要以书面的形式纳入公司的规章制度，以员工手册的形式分发。在新员工入职培训时，详细地讲解出勤、考核、汇报、奖惩等制度。培训完毕，最后一页作为回执，填好后盖章，存入员工档案，作为培训证明，也作为员工同意遵守制度的证明。假如有员工违反制度的行为，这些双方认可的文件可以作为违规的证据提交。

值得一提的是，制度是一把双刃剑。仍以出勤为例，公司规定十点上班，晚上七点半下班，假如员工工作到晚上十二点或者节假日也在上班，那么是不是应该算加班？加班费怎么算？关于加班的认定标准和薪酬回报，双方如何达成一致？公司的规章制度里面是否有加班的细则规定？

我遇到过一个案例：公司辞退员工时，已经付过赔偿金，双方达成协议。过了一段时间，员工又提交仲裁诉讼，他认为自己拿到的只是离职赔偿金，但是在职期间的加班费，必须追讨。他以众多截屏作为证据，比如凌晨三点老板给他发邮件，凌晨五点他打工作电话的记录，还有微信聊天记录，证明他在工作时间之外还在加班。

关于加班，有一个基本的判定标准。员工到底是因为工作能力不够、工作质量不达标、单方面延长工作时间，还是由于公司工作量增加、团队人手不够等原因才需要加班。

首先，第一种情况不能认定为加班。否则团队中能力较弱的人每天花双倍的时间工作，会被认定为勤奋的典型；那些高效率、能力强、工作质量好的员工，能够按时甚至提前完成任务，反而没有加班费。这样处理，团队管理方面肯定会出问题。作为管理者或者 HR，需要对员工的能力和素质有清晰的判断。同时要在公司的规章制度里有所体现。比如首先明确规定，员工在工作时间以外的加班，公司是不主张的。这个规定是为了确定员工加班属于自发行为。

其次，如果员工有加班的需求，需要提交内部申请，领导确认，加班行为才会得到公司的承认。或当公司有需求，要求员工加班时，也要给出相应的书面通知，经过双方确认之后生效。

所以说，不管是员工提交的诉讼，还是公司判定员工违规，都要在公司有明确规定的情况下提交证据或者找到同事的佐证，才能够认定员工的诉讼是否合理，是否在合法的赔偿范围内。

实际上，很多创业团队的情况并没有这么理想。由于处于初创阶段，要求员工有创意和行动力，但是管理和制度跟不上，所以发生突发状况时，处理起来特别棘手。

有个创业团队的市场部员工策划了一次宣传活动，这次活动使用了虚假信息，并且没有向管理层直接汇报。结果宣传活动得到的反馈和效果都非常糟糕，对公司的品牌造成严重损害。

当时公司决定追责，开除这位员工。我们事先咨询过法律部门，如果没有严重违纪的情况，就不能让该员工离职。但是这次事件的确是由于个人的能力不达标，以致公司遭受重大损失，所以我们投后团队的人力资源部门专门去跟她谈了一次裁员的事，后来她自己离开了。

现在看来，这个决定无可厚非。但是如果这家公司能够事先制定出相关的规章制度，并按照这些制度来衡量员工的违规，再做出裁员决策，这才是有备无患的做法。否则，在各种制度尚不明确的情况下，我们在判断员工是否违纪，是否应该被裁时，会显得底气不足。

离职能预警的，不要等到最后一分钟

团队中有人离职，我们首先要问自己，是不是要挽留。每一个团队都有自己的新陈代谢，一个团队从早期的原始团队、原生团队一直上升到 ABCD 轮，甚至 IPO 时，不可能原班人马都在。一定有人的能力跟不上快速发展，从而会有主动离职与被动离职的情况。主动离职的人，如果不是九宫格里重点培养的对象，刚好对方也提出离职，我们在形式上、情怀上要挽留，但本质上让他离开，于公于私都是好事。

另外一种情况比较棘手，对方是我们希望能够与之长期绑定利益关系，要重点培养的对象，甚至当下没有任何人可以替代他。这样的人要离职，怎么办?

首先我们要判断，是因为情绪上失落，还是薪酬待遇有落差。当初创团队发展到一定阶段，产品具备较大影响力时，团队人员也就成为别人的猎物。这个时候，他们会接到猎头电话，或者对标公司直接挖角。他们并不排斥这些信息，毕竟可以通过渠道考察自己在市场上的定位，为当前的薪资找到对标的范围。

每年春节过后的第一个月是离职高峰期。很多猎头公司、HR 春节期间不休假，专门挖人，谈跳槽对象。假期结束，往往是 HR 最措手不及的时间段。为什么他们在离职之前，我们没有观察到苗头，提前把控风险? 怎样才能有效预警?

此前的一段时间，他们可能经常出去接电话，“你等一下，我到门口去接”，这通常是猎头或者竞争对手的电话。或者经常提及“我上班时间可能会有一些家里的事、意外的事，要出去处理”，两三个小时后回来，状态可能很亢奋。这些情况要靠 HR、部门主管发现，而且他们平时可能对别人交代的工作主动解决、愿意帮助别人，突然变得懈怠消极，不愿意主动承担责任，说明出现了情绪问题。此时我们要主动找他谈心。

是不是家里有问题?

最近生活上有什么变动？

对职业发展，对团队有什么期待？等等。

当我们挖掘到这些信息时，不妨主动释放需求。初创团队不必要非得遵循一年涨两次薪，或者是必须在每年的某个节点才能释放新的待遇空间，这些制度要伴随具体情况随时调整。一旦我们发现问题，就尽可能先提出来满足对方需求。当员工自己开口或者真正决定开诚布公面谈的时候，也许他已经谈好新工作，最后能给 HR 的时间非常有限，公司也必然陷入被动。

在 HR 圈子里，经常会有猎头主动提供信息：我最近发现你们公司某人的简历重新开放了。员工想要看外界机会，会把简历的封存状态更改为活跃状态，并更新职场经历。从招聘渠道上，我们很容易找到活跃简历，比如近三天或者近一周活跃。一旦员工简历活跃，就说明他已经有离职想法。此时先佯装不知，我们先要分析、判断他的需求点，如果实在无法满足他的个人需求，那么先通过面谈稳住员工，安抚好情绪。然后，马上着手储备候选人，拉长缓冲期，避免任何一个关键岗位的员工突然离开造成不可弥补的损失，影响团队有序地发展。

在当下的创业大潮中，对于自我求职意向的不明确往往会受外力、外“利”等诸多因素的影响，在追逐短期利益最大化的前提下导致误入歧途的也不乏其人。在不可避免的情况下，作为主管或者 HR，与员工进行一次深入的离职面谈，对他们在任职期间的工作做出理性评估，会让员工更准确地审视自身能力，更有效地分辨目前真正的求职诉求。

比如：

已进入公司 N 年，对于上升空间和学习的氛围感到受困、被低估或者得不到赏识；

或者，由于即将进入婚育期，希望调整工作和生活的节奏，为家庭留出更多时间；

再或者，家里短期内要购车买房，目前收入已无法满足经济诉求；

与岗位不匹配，对岗位和工作场所不满意；

发展和提供的机会太少；

指导工作和提供反馈意见太少，对高层领导失去信任和信心。

总之，诸多评估是为了分析员工的流失原因，同时在交流过程中，判断是否还有挽留余地：

要发展的可否达到升职标准？

要提升待遇的是否值得加薪？不妨横向判断该岗位员工流失后重新招聘和再培养的时间成本，是否高于留住一位已经值得加薪的老员工。

离职面谈，还能获得另外一个重要信息：员工在团队中看到、感受到的风险和危机。这些信息往往员工在职期间会闷在心里，至多在小范围内与关系亲近的同事交流，作为团队的主管、HR 是很难倾听到的。但离职前，能够敞开心扉抒发一次对团队改进的意见和建议，比如工作环境、企业文化、工作流程、管理方式、发展模式等，对企业也是一个收获。

只要是创业，只要在企业里，“新人来，旧人走”都是常态。每一位员工的离开都是一次团队的自我更新，不管留不留得住，和这些员工的沟通都会让团队获得更有价值的信息，实现较快的新陈代谢。

创业团队 HR 的分享

创业，一种爱与坚持

首先，十分感谢给我做分享的机会！

担任野兽骑行的 HR Head，从 2014 年初至今，我经历了一个创业团队完全从 0 到 1 的过程。而这个过程对于已经有 10 年以上工作经验的我来说，依然是一个艰苦卓绝、艰辛无比的过程。

我的老板李刚和整个创始团队的人都接近于 90 年代生人，他们是第一次做老板，第一次做管理，第一次组团队。

在公司创业初始期，我们有极其大量的工作要快速推进，尤其是为了很好地支撑公司的业务线，我要非常快速并且有力地搭建起整个人力、行政的架构体系，同时要不断找到合适的人。几乎没有一天是晚上九点之前下班的，很多次在下班的路上，累到想哭。

而最难的，却不是工作量本身，而是整个团队的磨合，创始团队之间的磨合。我们经历了从事无巨细的讲解沟通、因为不了解而导致的不理解、出现了问题因为不信任而把话压在心底，到现在彼此默契、心领神会、互相补位的过程。

很多人问我：文娟，你在野兽有收获吗？你那么多年的经验，更多的应该是输出吧？

我的回答是：当然有！野兽给予了我很多很多。我感谢这近三年的初创经历，我从 0 搭建了公司整个人力、行政体系，公司已从几个人的状态，到现在几个项目并行，已经 150 人的队伍。野兽给予了我尽情发挥自己、挑战自己的平台，让我充分打磨了自己的专业能力，我的内心一直充实且有成就感。在面对无数困难时我也曾想放弃做逃兵，但最终对于这个团队的热爱让我梳理自己，坚持了下来，扛过了一个又一个难题，我收获的是思想的成熟，是内心的成长。整个创业的过程，我们必须实时关注市场变化，永远需要站在当下考虑未来至少 6 个月的工作安排，以为公司未来 1 ～ 2 年的业务及发展提前做好准备，这些都大大提升了我个人的认知高度及广度。更重要的，是野兽从最初到现在一直都非常注重文化的建设，我们因此拥有了现在这个让我们爱到骨子里的团队。野兽的主动离职率相对来讲是低的，我很骄傲。

有一句流行的话：创业即修行。我对此特别认同，创业就是修身且修心。

现在，野兽的业务发展极其迅速，我还要以更快的速度，去不断完善、优化我们的整个后勤支持体系，永远把各项工作做在前面，让野兽毫无后顾之忧地奔跑！

而创业，更是一种爱与坚持。

野兽，加油！

文娟 野兽骑行 HR Head